rogério shimura
os pães de que mais gosto

© Rogério Shimura, 2024

Edição: André Boccato
Coordenação Administrativa: Maria Aparecida C. Ramos
Coordenação Editorial: Rodrigo Costa
Coordenação de Produção: Arturo Kleque Gomes Neto
Revisão Ortográfica: Jussara Goyano – Ponto A.
Revisão das Receitas: Aline Maria Terrassi Leitão
Fotografias: Cristiano Lopes
Produção Fotográfica: Dushka Tanaka – Cristiane Maccarone
Direção de Arte: Estudio Vintenove / Dushka Tanaka e Carlo Walhof
Tratamento de imagem: Arturo Kleque Gomes Neto e Emiliano Boccato

Na Editora Gaia, publicamos livros que refletem nossas ideias e valores: Desenvolvimento humano / Educação e Meio Ambiente / Esporte / Aventura / Fotografia / Gastronomia / Saúde / Alimentação e Literatura infantil.

EDITORA GAIA

2ª Edição, Editora Gaia, São Paulo 2025

Diretor Editorial: Jefferson L. Alves
Diretor-Geral: Richard A. Alves
Gerente de Produção: Flávio Samuel
Coordenadora Editorial: Juliana Campoi
Analista de Produção: Jefferson Campos
Capa e Diagramação: Danilo Barroso
Revisão: Vitória Tonetti Martini
Equipe Editora Gaia: Produção editorial e gráfica

Em respeito ao meio ambiente, as folhas deste livro foram produzidas com fibras obtidas de árvore de florestas plantadas, com origem certificada.

Dados Internacionais de Catalogação na Publicação (CIP)
(Câmara Brasileira do Livro, SP, Brasil)

Shimura, Rogério
　Os pães de que mais gosto / Rogério Shimura. – 2. ed. – São Paulo : Editora Gaia, 2025.

　ISBN 978-65-86223-60-6

　1. Pães (Culinária) 2. Panificação I. Título.

24-237619　　　　　　　　　　　　　　　　　　　　CDD-641.815

Índice para catálogo sistemático:
1. Pães : Culinária　　641.815

Cibele Maria Dias - Bibliotecária - CRB-8/9427

Obra atualizada conforme o
NOVO ACORDO ORTOGRÁFICO DA LÍNGUA PORTUGUESA

Boccato Editores Ltda.
Rua Afonso Braz, 473, conjunto 33 - Vila Nova Conceição
CEP 04511-011 - São Paulo - SP
Tel.: (11) 3846-4695
e-mail: editora@boccato.com.br / andreboccato@gmail.com

Editora Gaia Ltda.
(pertence ao grupo Global Editora e Distribuidora Ltda.)
Rua Pirapitingui, 111-A - Liberdade
CEP 01508-020 - São Paulo - SP
Tel.: (11) 3277-7999
www.grupoeditorialglobal.com.br
e-mail: gaia@editoragaia.com.br

Direitos reservados.
Colabore com a produção científica e cultural.
Proibida a reprodução total ou parcial desta
obra sem a autorização do editor.

Nº de Catálogo: **3735**

sumário

rogério shimura para iniciantes   11

rogério shimura para profissionais   15

receitas

pão joelho   18

pão de leite   21

trança de amêndoas e nozes   22

pão lanchinho   26

pão de queijo   29

chipa   30

roseta   35

pão de alho   36

pão tortano   39

buraco quente   40

focaccia tradicional   43

broa de milho com erva-doce   44

pão de hambúrguer   47

baguete   48

baguete recheada   53

biscoito de polvilho   54

breadsticks   57

grissinis   58

pão de aveia	61
pão de batata	62
pão de cará	65
pão de cebola	66
pão de ervas	69
pão de festa	70
pão de figo	73
pão de forma	74
pão de mandioquinha	77
pão de torresmo	80
pão integral	83
pão multicereais	84
crustoli	89
rosca de coco	90
sonho	93
pão de maçã	94
trança de frutas cristalizadas	97
broa caxambu	98
cinnamon rolls	101
donuts	102
pão de ameixa com chocolate	105
pão sovado	106
pequeno dicionário do padeiro	**108**
sobre o autor	**111**

prefácio da 1ª edição

Rogério Shimura é uma das maiores autoridades de panificação no Brasil. Em uma era onde as misturas prontas e outras de qualidade inferior proliferam nas padarias do país, como uma espécie de último moicano, Shimura segue na contramão dessa tendência e segue em busca do pão perfeito.

Conheci Shimura dando aulas em faculdade de gastronomia e tendo suas classes como as de maior audiência. Com a experiência adquirida nas padarias de seus pais – sim, o pão está no sangue da família – e principalmente depois de uma temporada em Paris, onde estudou cada passo desse mundo mágico, decidiu de vez que esse era o seu negócio.

Como bom perfeccionista, Shimura foi além e se especializou em fermento, a parte mais importante do processo de produção de um pão gostoso, leve na medida e crocante. Passou a dar consultorias, montar e colocar negócios nos trilhos, mas, incansável e inquieto, sempre está em busca de mais desafios. Talvez esteja dando seus maiores passos agora. Comanda a moderna Levain – Escola de Panificação e Confeitaria, com cursos que vão do básico aos mais avançados, passando por aulas específicas, como as de *croissant* (aliás, quem não quer aprender a fazer essa maravilha?), panetone ou confeitaria francesa. E, se não bastasse, nos presenteia com o livro *Os pães de que mais gosto*, com receitas que encantam e conquistam. Para quem quer seguir os caminhos de mestre Shimura, o primeiro passo é seguir seu conselho básico: "Na panificação, assim como na confeitaria, tudo é milimetricamente balanceado. Por isso, nada de inventar. Siga sempre a fórmula". Bem, essa é também a receita para o sucesso: ele só vem com trabalho, paixão e dedicação na medida certa. Simples assim.

Ricardo Castilho foi diretor editorial da revista *Prazeres da mesa* e louco por um bom pãozinho.

prefácio desta 2ª edição

> "Conhecimento é o bem mais precioso que se adquire e que ninguém tira de você"
> **Rogério Shimura**

Haveria de iniciar com esta frase, muito oportuna por sinal, externada inúmeras vezes pelo premiado profissional e, sobretudo, amigo e mestre Rogério Shimura.

A presente obra é uma das formalizações de alguns de seus dons: buscar e absorver conhecimentos e, melhor ainda, não medir esforços em transmiti-los, pois seu espírito integrador e cooperativo é nato, o que o conduziu, com todos os méritos, a um lugar de destaque no cenário nacional e internacional da Panificação e Confeitaria.

Tendo a farinha "em seu DNA", desde a juventude na cidade de Atibaia, em São Paulo, o autor concilia diversas atividades ligadas à panificação, seja como empreendedor, docente, idealizador e viabilizador da Levain – Escola de Panificação e Confeitaria, sempre com foco maior em compartilhar resultados e conhecimentos.

Costumo dizer que uma das graças recebidas ao longo de minha longa vida profissional no setor da Panificação foram os amigos conquistados e mantidos por anos e anos. Rogério Shimura é, com certeza, uma dessas graças, um presente em meu dia a dia.

Muito obrigado, amigo e parceiro.

Não foram raras as oportunidades de trocarmos confidências, inquietudes e adotarmos ações efetivas e cooperadas para o melhor do setor. Lembro-me muito bem de, por vezes, haver externado a preocupação referente a suas intensas atividades, mas pouco adiantava, pois lá estava ele com fabricação de panificados, palestras, consultorias, pontos em shoppings, além de aulas e mais aulas em faculdades e na Levain. Enfim, assim é o perfil do mestre Rogério Shimura, abnegado e incansável no que diz respeito ao ofício que abraçou, com dedicação plena à panificação e ênfase na busca contínua por evolução e aprimoramento, não medindo esforços em agregar valor ao ofício escolhido.

Este livro é mais um exemplo tácito do espírito do autor, pois transcreve com total propriedade receitas, passo a passo e orientações detalhadas.

Ter sido convidado a participar desta obra é mais uma bênção recebida, pois a honra e a responsabilidade são exponenciais, sem palavras que possam expressar, por mim e pelo setor da panificação, o sentimento de gratidão ao estimado amigo.

Desfrutem ao máximo!

J. Angelo de Souza Jr.
Diretor de Panificação da Prática Technipan

rogério shimura para iniciantes

Entrevista a André Boccato

A ideia deste livro é que ele possa agradar (e ser útil) tanto ao profissional quanto ao chamado "amador", o que "faz por amor". Não que o profissional não seja tão amoroso, mas o sentido de "profissional" vem do radical grego "profit" que, não por acaso, forma em português três palavras: professor, profissional, profeta, ou seja, algo parecido com "aquele que sabe o que vai acontecer". Já o amador não sabe, mas ama muito, por isso é assim chamado. Enfim, este livro (feito com muito amor) serve mesmo para todos, mas nesta entrevista Shimura fala mais diretamente a esse público iniciante, e eis algumas palavras muito amorosas:

Para quem tem vontade de fazer pão em casa – e nunca fez – este livro pode ajudar?
Sim, com toda certeza, mas só se você seguir a fórmula ao pé da letra. Como eu sempre falo, com padronização de medidas, de pesos, não tem problema nenhum: basta você seguir as regrinhas (a receita na medida correta). No começo pode dar uma insegurança, é normal. Mas, como tudo na vida, com um pouquinho de treino e dedicação sempre dá certo. No caso de receitas de panificação é seguir à risca as medidas, usar bons ingredientes e a temperatura certa de forno.

Mas, o principal é que, neste livro, qualquer iniciante pode se aventurar, não?
Sim, veja que até as fotos para este livro foram totalmente feitas em batedeiras não profissionais, ou seja, não fizemos os pães desse livro em masseiras profissionais, daquelas em que você precisa produzir grandes quantidades. Ao contrário, as fotos foram feitas com pães muito artesanais, com pouca quantidade de farinha e, portanto, reproduzem algo que pode ser feito, sim, em ambiente doméstico ou, se quiser, em linha de produção, mas multiplicando as medidas da receita básica, como fazem os profissionais.

O importante, para o amador, é lembrar que não existe receita com ingrediente "mais ou menos". Por exemplo, quando se fala uma colher de sopa, tem de ser sopa normal, não daquelas de sopa "de avó", enormes, aquela coisa cheia. E mesmo assim tem de lembrar que colher de sopa não faz "morrinho", vale o bom senso. Do contrário, uma colher de sopa de sal pode virar duas e aí pode estragar a fórmula. Observando-se essas regrinhas, a receita tem que dar certo!

É complicado achar os ingredientes que você propõe nessas receitas?

Na verdade, como o livro pode ser tanto para profissional como para iniciante, nossa proposta foi de usar insumos que se tem em casa ou aqueles que você vai encontrar ali na "venda" ou no supermercado, na esquina. Lá vai ter tudo o que será necessário para fazer as receitas deste livro.

Mas tem dicas... por exemplo, se o fermento que comprou estiver cinza, pode voltar lá e trocar. O fermento tem que ter uma cor mais próxima de creme e ser conservado sempre em geladeira. Com um bom ingrediente, você pode ou não ter um bom resultado, mas com um mau ingrediente certamente terá um mau resultado!

Um bom ingrediente não tem necessariamente alto custo. Lembre-se de que a qualidade dele está tanto na produção quanto no transporte e armazenagem. Tem de ficar atento a isso – à data de validade, obviamente –, mas fazer pão não requer ingredientes caros e sofisticados.

Por falar nisso, os ingredientes nacionais estão bons?

O Brasil acordou! A qualidade aumentou muito e bem a tempo: os importados estão chegando fortemente e, se não ficar esperto, o importado, mesmo sendo mais caro, acaba tomando o lugar do brasileiro. Mas neste livro nem pensamos em usar farinhas ou insumos sofisticados. Afinal, o leitor nem sempre vai ter acesso a farinhas importadas. Tem muita gente Brasil afora e nem sempre os ingredientes importados estão lá disponíveis. É possível usar farinha brasileira e outros insumos que estão, sim, com boa qualidade.

E necessita de formas especiais e sofisticadas? Forno especial?

Existem formas lindas, maravilhosas e criativas, e o leitor pode usá-las à vontade. Mas não é necessário trabalhar com formas diferenciadas para bons resultados. Para bolos, isso pode ajudar a sofisticar e "comer com os olhos", mas no caso de pães não é necessário sofisticar (no começo é até bom não inventar muito).

Insistindo... então em casa eu consigo fazer esses pães bonitos?

Sim, seguindo todas as instruções, tudo dará certo. Agora, falando da pergunta anterior, sobre fornos. Forno é igual marido ou mulher, cada um tem o seu (a sua) e sabe como funciona. Se vai dar certo é uma questão de testes, ajustes, de acertar a temperatura. No meu forno, vai assar a 180 graus... será que vai ter 180 graus na casa do leitor? Então sugiro começar em forno médio, médio-baixo e ir acertando. Começa fazendo assim e, se não der certo, é só insistir um pouco mais até pegar o jeito.

Eu, por exemplo, se for contar a história do meu primeiro pão francês (risos)... Faz 27 anos e lembro que nem necessitava de talhadeira, bastava jogar o pão na parede de tão duro que ficou! Hoje a gente tem informação de todo jeito, internet, livros... mas naquela época era muito difícil ter receita e a gente errava muito até acertar. Hoje em dia não se sofre tanto, eu garanto.

Se algum leitor tiver alguma dificuldade, pode te procurar? Tem um site? Telefone?

Claro, será um prazer atender qualquer um que tenha dúvidas. Há o site da nossa escola, a Levain, que está localizada no bairro da Vila Mariana, em São Paulo (SP), que é: www.levainescola.com.br e o e-mail: cursos@levainescoladepanificacao.com.br.

Também criamos um "fale conosco", um *help desk* direto, que você pode ver no site da escola e perguntar por lá.

Eu vejo, pelas coisas que a gente faz, o carinho com que esse público fala conosco. É muito prazeroso. As coisas estão acontecendo em ritmo alucinante de trabalho.

Sabe, isso da panificação é um jeito de passar uma forma de arte, a arte de algo mais artesanal, até uma forma de resgatar essa cultura com pães já meio esquecidos, como o pão sovado, cangalha, rosca de coco, bengala... e tantos outros... O jovem hoje não conhece esses produtos e nem

sempre os encontra nas padarias mais convencionais, porque o acesso da pré-mistura (industrial) de certa maneira afasta um pouco as manipulações tradicionais. O jovem está cada vez mais afastado das origens.

Nada contra a industrialização, pelo contrário, o processo industrial é longo, árduo e louvável, mas faz coisas como perder algumas identidades que temos obrigação de manter e resgatar, e até mesmo ensinar. No caso do pão estamos também comprometidos com uma longa tradição.

Seu conselho final para um iniciante, seja amador seja estudante.
Estudar, estudar, estudar! Nunca pare de estudar, pois todo dia a gente aprende e esse processo vale para nós, professores, também. Aqui na escola ensinamos e somos ensinados sempre. Por exemplo, o pessoal do Nordeste vem aqui e conta como é feito o pão lá na cidade dele e isso é uma troca de informação preciosa que mostra que estamos sempre aprendendo. Meu conselho é nunca achar que sabe tudo.

rogério shimura para profissionais

Entrevista a Wagner Sturion

Rogério Shimura é um dos nomes mais lembrados quando se pensa em panificação no Brasil. Mestre no mercado em que atua, sua grande preocupação sempre foi replicar o conhecimento, por isso abriu a Levain – Escola de Panificação e Confeitaria, em São Paulo.

Quando e por que escolheu o mercado de panificação para desenvolver sua carreira?

A minha família sempre esteve ligada ao setor da alimentação, primeiro na agricultura, plantando pêssegos, depois na avicultura, criando e abatendo frangos. A mudança de segmento ocorreu em 1987, quando meu pai viu o grande potencial no setor da panificação.

Alguém o influenciou e inspirou a seguir a carreira no mercado de panificação?

A minha mãe. Quando eu era criança, ela fazia um sonho maravilhoso!

Como era o mercado de panificação quando você começou a atuar na área em comparação aos dias atuais?

A gestão era e ainda é familiar. O padeiro não era e, atualmente, na maioria dos casos, não é profissional. As receitas passavam e, em muitos casos, continuam a ser passadas de um funcionário para o outro. Hoje em dia, temos padeiros profissionais, que fizeram cursos técnicos profissionalizantes, enquanto os amadores estão ficando para trás. O empresário que não tiver controle, que não investir em novas técnicas, não se reciclar e se atualizar vai perder espaço no mercado.

Como quebrar paradigmas e implantar novos sistemas de gerenciamento em padarias que seguem um modelo de gestão familiar?

Geralmente, os proprietários que seguem esse estilo gerencial têm o seguinte pensamento: "Se a minha gestão dá certo, por que mudar?". Esses antigos empresários fazem cálculos para atingir a lucratividade da seguinte forma: se o custo da mercadoria é "X", o preço da venda para o consumidor será de 3 vezes "X". É muito difícil implantar novos modelos de administração nesses casos.

Há espaço para novos empreendedores e novas padarias?

Sim, e como tem! Mas eles precisam fazer um estudo de mercado, contratar colaboradores capacitados, utilizar matéria-prima de qualidade, ter bons equipamentos e máquinas, treinar a mão de obra. Não é simplesmente locar um espaço e montar uma padaria.

Qual a tendência para o setor de padarias? Há algum novo conceito ainda a ser explorado?

Esse modelo de padaria brasileira existe somente no Brasil, apresentando um mix de produtos composto por padaria, confeitaria, lanchonete, restaurante, conveniência. Agora estamos entrando na era das padarias artesanais, resgatando pães de qualidade, sem utilizar a pré-mistura.

Quais os cuidados que um empreendedor deve tomar ao procurar um sócio para a abertura de uma padaria? E quando o sócio é um grupo investidor?

Ter sócio é igual a iniciar um casamento: no início é só festa, mas com o tempo poderão surgir diferenças. Para que não ocorram, devemos ter procedimentos essenciais: 1) Respeito; 2) Praticar a comunicação; 3) Separar as funções; e 4) Ter conhecimento multidisciplinar.

Rogério Shimura se tornou uma referência do mercado de panificação no Brasil. Como gerenciar o nome pessoal quando ele passa a ser uma marca de determinado produto ou de um segmento?

O meu trabalho continua o mesmo desde que comecei, aprendo todos os dias e quero passar o meu conhecimento para pessoas que queiram aprender. Somos parceiros de empresas em cujos produtos confiamos e utilizamos em nossa fábrica, pois testamos a qualidade diariamente. Buscamos sempre manter o foco na panificação artesanal e em parceiros que acreditam e querem investir nesse modelo de negócio.

Muitos jovens optam pela carreira pensando na possível fama e no *glamour* que conquistarão. O que você tem a dizer sobre isso? Como lidar com fãs e com seguidores nas redes sociais?

Não existe *glamour* em ser padeiro, apenas reconhecimento do trabalho. É uma profissão árdua, que exige dedicação, estudo, testes, experiências, para obter o melhor de cada ingrediente. É muito bom encontrar as pessoas que me seguem nas redes sociais nos eventos, feiras e palestras que participo. Essa troca de experiências é muito importante.

Preocupa-se com seu marketing profissional? Como promove o seu nome, a sua empresa e a sua escola?

Sim, divulgo meu trabalho no meu site, em redes sociais e procuro sempre participar de feiras, como Fispal Food Service, Fipan, Apas, Europain. O interesse pela panificação artesanal cresceu muito nos últimos anos, por isso participei de várias publicações gastronômicas e técnicas, além de eventos como Mesa SP e Paladar.

Como nasceu a Levain – Escola de Panificação e Confeitaria? Que expectativas tem com esse empreendimento?

A Levain Escola de Panificação e Confeitaria nasceu de um projeto antigo, que tem como objetivo profissionalizar o setor da panificação e da confeitaria. Esperamos, em um ano, formar 60 profissionais nos cursos master e até 800 alunos em cursos de curta duração.

De que forma foi pensado o projeto arquitetônico e estrutural das cozinhas? Quais equipamentos os alunos vão encontrar à disposição durante o curso?

O projeto foi pensado no sentido de que os alunos tenham uma sala de aula montada especificamente para a panificação e a confeitaria. Para isso, utilizamos as melhores máquinas e equipamentos do mercado brasileiro, bem como os melhores insumos. Temos uma sala específica para ensinar a *viennoiserie*, que é a arte da manteiga, para que os alunos façam os melhores *croissants* e massas folhadas.

Quais os cursos apresentados na Levain?

Temos cursos livres, como: Panificação caseira; Oficina Levain; Pães sem glúten; e Pães integrais. Já os cursos profissionais são: Pães para hambúrguer; Oficina de donuts, *cinnamon rolls* e cookies; Pães orientais; Panificação Básica; Fermentação Natural; Panificação avançada; Panificação internacional; *Viennoiserie*; Festival italiano; Pães tradicionais franceses e suas modelagens; e Panetones. Os nossos professores são reconhecidos profissionais em suas áreas, todos com cursos nas melhores escolas da Europa e Estados Unidos.

Quais as principais dificuldades do setor em relação à mão de obra? O que um profissional ganha ao buscar a profissionalização?

No Brasil, não temos uma mão de obra qualificada no setor de padarias. Os nossos profissionais aprenderam "com a vida". Há uns 20 anos, a profissão era considerada um subemprego. Hoje, temos escolas técnicas nas principais cidades brasileiras. A qualificação do profissional de panificação e confeitaria resulta em um salário melhor, impactando diretamente em sua qualidade de vida.

Garfadas técnicas

Pedro Calvo, "Melhor Padeiro 2012" pela Revista Panificação Brasileira.

Se na receita pede para usar fermento biológico fresco, e eu só tenho o seco, uso a mesma quantidade?

Não, utilizamos 1/3 de fermento biológico seco em relação ao fermento biológico fresco. Exemplo: se numa receita estiver pedindo 30 gramas de fermento biológico fresco, vamos utilizar 10 gramas de fermento biológico seco.

Priscila Fighera, "Padeira Revelação de 2012" pela Revista Panificação Brasileira.

Por que é tão importante pesar os ingredientes?

Balancear fórmulas significa determinar a quantidade de cada ingrediente que entrará na formação da massa, segundo as características essenciais desejadas para o produto final. Ao formular uma receita, três fatores devem ser considerados: 1) a função que cada ingrediente exerce na massa e no produto final, bem como as porcentagens máximas e mínimas toleráveis; 2) as características internas e externas desejadas para o produto final e os métodos de preparo a serem utilizados na preparação; 3) padronização de fórmulas (fichas técnicas: a) uniformidade do produto – mantendo-o constante; b) manter o custo de produção do produto dentro do estimado e planejado; c) proporcionar segurança na execução do trabalho).

Rápidas colheradas

Em uma palavra, o que faz um pão crescer e o que faz uma padaria progredir?
Dedicação.

Em uma frase, qual a melhor receita de pão?
Comprometimento com o trabalho.

Com quem do mercado de alimentação fora do lar repartiria um de seus melhores pães?
Com todos, boas parcerias são fundamentais para o negócio!

A quem ofereceria o "pão da vida"?
Aos padeiros.

Termos técnicos

1. Levain
fermento, em francês.

2. Viennoiserie
arte da manteiga, a partir da qual são preparadas produtos como massas folhadas, brioches, *croissants*.

3. *Poolish*
pré-fermentação hidratada.

4. Massa madre
fermentação natural.

pão joelho

rendimento da massa: 30 unidades
porcionamento: 70 g
modelagem: fatiado
temperatura do forno: 160° C
tempo de forneamento: 25 min
calor: seco

massa	quantidade
farinha de trigo	1 kg
leite em pó	40 g
açúcar refinado	40 g
fermento biológico seco	10 g
molho de tomate	100 g
água	400 g
sal refinado	20 g
manteiga sem sal	100 g

recheio	
presunto fatiado	250 g
muçarela fatiada	150 g
orégano	5 g
tomate picado	5 unidades

ingrediente extra	
ovo para pincelar a massa	1 unidade

modo de preparo

1. Na batedeira ou em um *bowl* (tigela) grande, para fazer à mão, misture bem a farinha, o açúcar, o leite em pó e o fermento. **2.** Acrescente a água e o molho de tomate à mistura de farinha, mexendo até formar uma massa inicial. **3.** Adicione o sal e a manteiga. Sove a massa manualmente ou usando uma batedeira com gancho, até que ela esteja lisa, em ponto de véu. Em seguida, divida a massa em duas partes iguais. **4.** Transfira cada uma das partes para um *bowl* levemente untado com azeite, cubra-as com um filme de PVC e deixe descansar por cerca de 30 min. **5.** Com auxílio de um rolo, abra a massa com uma espessura de 1 cm e coloque as fatias de presunto e de queijo, o tomate picado e o orégano. Enrole como um rocambole e corte em fatias com espessura de 2 dedos cada. **6.** Coloque os pães modelados em uma assadeira levemente untada, deixando um espaço entre eles. Cubra-os novamente com filme de PVC e deixe fermentar por mais 30 a 40 min ou até dobrar de volume. **7.** Antes de assar, pincele-os suavemente com ovo batido. **8.** Preaqueça o forno a 160° C. Asse os pães por cerca de 20 a 25 min, ou até que estejam dourados e soem ocos ao bater levemente na base.

pão de leite

rendimento da massa: 60 unidades
porcionamento: 30 g
modelagem: filão
temperatura do forno: 160° C
tempo de forneamento: 25 min
calor: seco

esponja	quantidade
farinha de trigo	200 g
fermento biológico seco	20 g
água	200 g

massa	quantidade
farinha de trigo	800 g
açúcar refinado	180 g
ovos	100 g (cerca de 2 ovos grandes)
sal refinado	15 g
manteiga sem sal	150 g
leite integral	154 g

ingrediente extra	
ovos para pincelar a massa	2 unidades

modo de preparo

1. Em um *bowl* grande, coloque a farinha, o fermento e a água. **2.** Mexa bem até obter uma mistura homogênea e deixe fermentar por 30 min em um local quente e protegido.

modo de preparo

1. Após 30 min, a esponja estará pronta para ser usada. **2.** Em uma superfície de trabalho, coloque a farinha, o açúcar refinado e os ovos. **3.** Acrescente a esponja à mistura. **4.** Adicione o leite, o sal e a manteiga. Sove a massa até atingir o ponto de véu. **5.** Em seguida, deixe-a descansar por 10 min. **6.** Porcione a massa em 60 partes, de 30 g cada, e modele-as em bolinhas. **7.** Abra cada porção com a ajuda de um rolo e enrole em formato de filão. **8.** Coloque os filões em uma assadeira com a dobra da massa voltada para baixo, cubra-os com filme de PVC para não ressecarem e deixe fermentar até que dobrem de volume. **9.** Pincele a superfície dos pães com ovo batido para dar brilho. **10.** Preaqueça o forno a 160° C. **11.** Asse-os por cerca de 25 min em calor seco, ou até que estejam dourados e completamente cozidos.

trança de amêndoas e nozes

rendimento da massa: 2 unidades
porcionamento: 550 g
modelagem: trança
temperatura do forno: 160° C
tempo de forneamento: 25 min
calor: seco

esponja	quantidade
farinha de trigo	100 g
fermento biológico seco	10 g
água	100 g

modo de preparo

1. Em um *bowl* grande, coloque a farinha, o fermento e a água. **2.** Mexa bem até obter uma mistura homogênea e deixe fermentar por 30 min em um local quente e protegido.

massa	quantidade
farinha de trigo	400 g
açúcar refinado	75 g
ovos	100 g (cerca de 2 ovos grandes)
sal refinado	8 g
manteiga sem sal	60 g
leite integral	40 g

recheio	
clara de ovos	100 g
açúcar	45 g
farinha de amêndoas	200 g
canela	2 g
nozes picadas	300 g

ingrediente extra	
ovo para pincelar a massa	1 unidade

modo de preparo

1. Após 30 min, a esponja estará pronta para ser usada. **2.** Em uma superfície de trabalho, coloque a farinha, o açúcar e os ovos. **3.** Acrescente a esponja à mistura. Em seguida, adicione o leite, o sal e a manteiga. **4.** Sove a massa até atingir o ponto de véu. **5.** Deixe a massa descansar por 10 min. **6.** Abra a massa com o auxílio de um rolo com uma espessura de ½ cm. **7.** Para o recheio, coloque em um *bowl* as claras e o açúcar e misture bem com o auxílio de um batedor de arame (*fouet*). **8.** Acrescente a farinha de amêndoas e a canela e, com uma espátula de silicone, misture até ficar uma pasta. **9.** Sobre o retângulo, espalhe o recheio e as nozes picadas, deixando uma borda de 2 cm por toda a volta. **10.** Na faixa que não tem o recheio, pincele água para que a massa grude e enrole como um rocambole. **11.** Corte a massa no sentido do comprimento e separe em duas partes iguais. Coloque as duas partes uma ao lado da outra e as entrelace. Una as duas pontas finais. **12.** Acondicione em assadeira untada e deixe fermentar até dobrar de volume, por aproximadamente 45 min. **13.** Pincele ovo por cima e leve ao forno por 25 min ou até ficarem douradas e completamente cozidas.

pão lanchinho
(receita na página 26)

pão lanchinho (foto na página anterior)

rendimento da massa: 42 unidades
porcionamento: 40 g
modelagem: filão
temperatura do forno: 160° C
tempo de forneamento: 25 min
calor: seco

esponja	quantidade
farinha de trigo	200 g
fermento biológico seco	20 g
água	200 g

massa	quantidade
farinha de trigo	800 g
açúcar refinado	100 g
ovos	50 g (cerca de 1 ovo grande)
sal refinado	15 g
manteiga sem sal	150 g
leite integral	200 g

recheio	
presunto triturado	150 g
muçarela triturada	150 g
calabresa triturada	150 g
requeijão cremoso	150 g
tomate picado sem semente	1 unidade
orégano	3 g

ingrediente extra	
ovo para pincelar a massa	1 unidade

modo de preparo

1. Em um *bowl* grande, coloque a farinha, o fermento e a água. **2.** Mexa bem até obter uma mistura homogênea e deixe fermentar por 30 min em um local quente e protegido.

modo de preparo

1. Após 30 min, a esponja estará pronta para ser usada. **2.** Em uma superfície de trabalho, coloque a farinha, o açúcar e os ovos. **3.** Acrescente a esponja preparada à mistura. Em seguida, adicione o leite, o sal e a manteiga. **4.** Sove a massa até atingir o ponto de véu e deixe descansar por 10 min. **5.** Porcione a massa em 40 g e, com o auxílio de um rolo, abra cada uma com uma espessura de ½ cm. **6.** Coloque o recheio desejado, enrole a massa como um rocambole e feche-a. **7.** Coloque os pães numa assadeira plana, lisa e untada e deixe fermentar até que dobrem de volume. **8.** Pincele a superfície dos pães com ovo batido para dar brilho. **9.** Preaqueça o forno a 160° C e asse os pães por cerca de 25 min em calor seco, ou até que estejam dourados e completamente cozidos.

pão de queijo

rendimento da massa: 68 unidades
porcionamento: 40 g
modelagem: redondo
temperatura do forno: 180° C
tempo de forneamento: 25 a 30 min
calor: seco

ingredientes	quantidade
polvilho azedo	600 g
polvilho doce	400 g
sal refinado	20 g
óleo de milho	150 g
leite integral	550 g
ovos	150 g (cerca de 3 ovos grandes)
queijo meia cura ralado	600 g
queijo parmesão ralado	280 g

modo de preparo

1. Na batedeira ou em um *bowl* grande (para fazer à mão), misture o polvilho azedo, o polvilho doce e o sal. **2.** Em uma panela, aqueça o leite e o óleo até começarem a ferver. **3.** Despeje essa mistura quente sobre a mistura de polvilho e sal, mexendo bem com uma colher até que todo o líquido seja absorvido. Esse processo, chamado de "escaldar o polvilho", é fundamental para a textura do pão de queijo. **4.** Deixe a mistura esfriar até que esteja morna ao toque. **5.** Acrescente os ovos à mistura, um de cada vez, mexendo bem após cada adição até que a massa esteja homogênea e pegajosa. **6.** Adicione os dois tipos de queijo à massa. Misture bem até que eles estejam completamente incorporados e a massa esteja uniforme. **7.** Preaqueça o forno a 180° C. **8.** Unte levemente as mãos com óleo ou manteiga e faça pequenas bolas de massa, com cerca de 3 a 4 cm de diâmetro. **9.** Coloque as bolinhas em uma assadeira untada, deixando um pequeno espaço entre elas para que cresçam durante o cozimento. **10.** Asse por cerca de 25 a 30 min, ou até que estejam dourados e firmes por fora. **11.** Retire-os do forno e sirva-os ainda quentes.

chipa

rendimento da massa: 25 unidades
porcionamento: 30 g
modelagem: em formato de U
temperatura do forno: 180° C
tempo de forneamento: 20 a 25 min
calor: seco

ingredientes	quantidade
fécula de mandioca (ou polvilho doce)	500 g
sal refinado	5 g
manteiga sem sal em temperatura ambiente	200 g
ovo	50 g (cerca de 1 ovo grande)
leite integral	200 g
queijo do reino ralado (ou queijo parmesão ralado ou queijo meia cura ralado)	400 g

modo de preparo

1. Na batedeira ou em um *bowl* grande (para fazer à mão), misture a fécula de mandioca (ou polvilho doce) com o sal. **2.** Adicione a manteiga à mistura de fécula e sal. Com as pontas dos dedos ou com uma espátula, misture bem até obter uma farofa úmida, com a manteiga bem distribuída. **3.** Bata ligeiramente o ovo em uma tigela pequena. **4.** Acrescente o ovo batido e o leite à mistura de fécula e manteiga. Mexa bem até formar uma massa homogênea e lisa. **5.** Adicione o queijo à massa e misture até incorporar completamente. A massa deve ficar firme e ligeiramente pegajosa. **6.** Preaqueça o forno a 180° C. **7.** Com as mãos, modele a massa em forma de "U" ou de pequenos cilindros, com cerca de 8 a 10 cm de comprimento, 1,5 cm de diâmetro e pontas levemente afinadas. **8.** Coloque as chipas em uma assadeira, deixando um pequeno espaço entre elas, pois elas não crescem muito durante o assamento. **9.** Asse em forno preaquecido por cerca de 20 a 25 min, ou até que estejam levemente douradas na base e firmes ao toque. **10.** Retire as chipas do forno e deixe esfriar um pouco antes de servir.

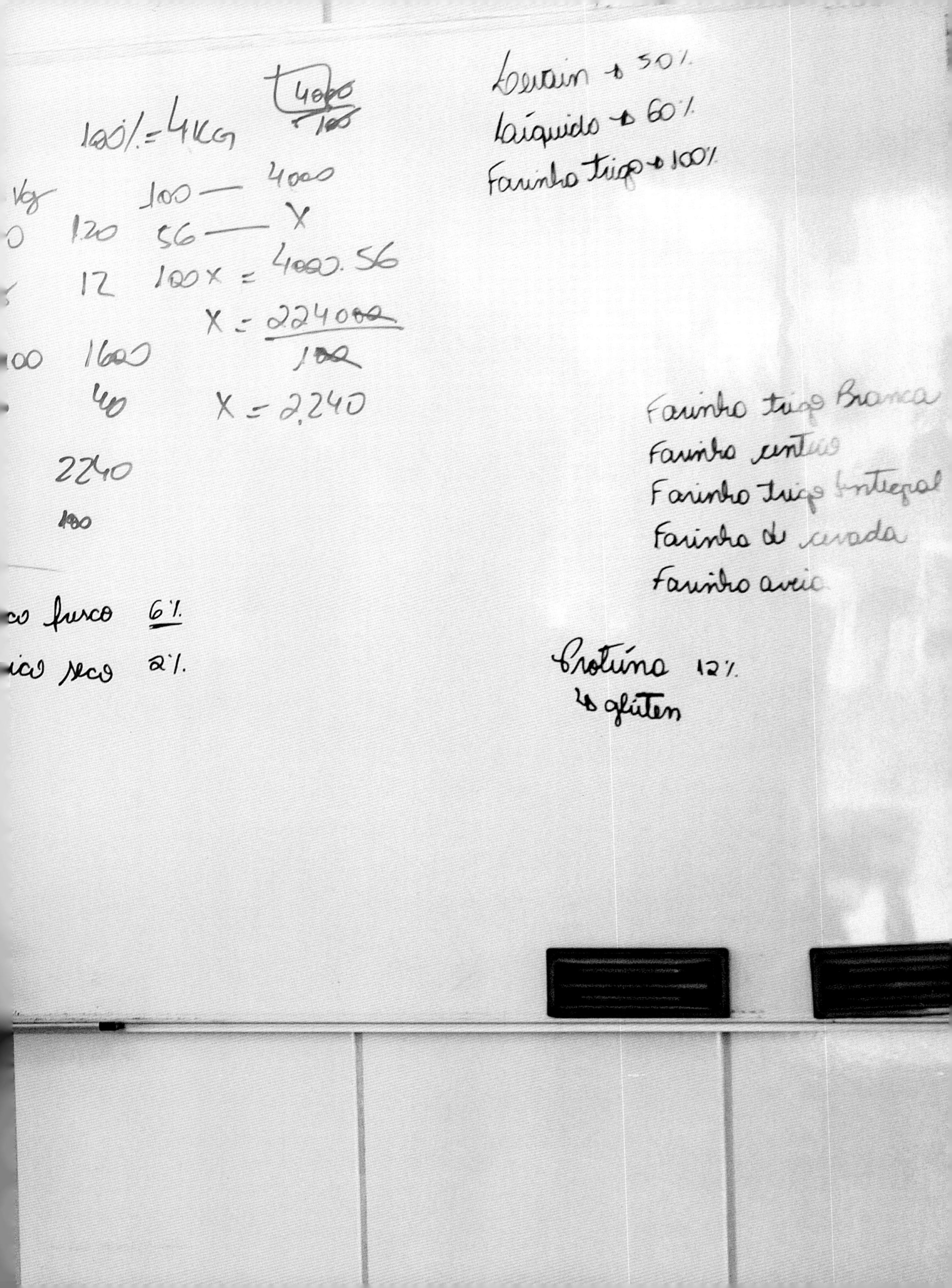

$100\% = 4\text{Kg}$

$\boxed{\dfrac{4000}{100}}$

Gentan → 30%

Líquido → 60%

Farinho trigo → 100%

Kg   100 —— 4000

120   56 —— X

12    $100X = 4000 \cdot 56$

$X = \dfrac{224000}{100}$

1600

40    $X = 2.240$

2240

100

Farinho trigo Branca

Farinho entera

Farinho trigo Integral

Farinho de cevada

Farinho avea

co fusco   <u>6%</u>

ico seco   2%

Proteína 12%

glúten

roseta

rendimento da massa: 16 unidades
porcionamento: 50 g
modelagem: roseta
temperatura de forno: 180° C
tempo de forneamento: 15 min
calor: úmido

massa	quantidade
farinha de trigo	500 g
açúcar	30 g
fermento biológico seco	5 g
leite integral	100 g
água	150 g
sal refinado	10 g
azeite	30 g

finalização	
gergelim branco	30 g

modo de preparo

1. Na batedeira ou em um *bowl* grande (para fazer à mão), misture bem a farinha, o açúcar e o fermento. **2.** Coloque o leite e a água à mistura de farinha, mexendo até formar uma massa inicial. **3.** Adicione o azeite e o sal à massa. Sove-a manualmente ou use uma batedeira com gancho para massas, até que ela esteja lisa, em ponto de véu. **4.** Transfira a massa para um *bowl* levemente untado com azeite, cubra-a com filme de PVC e deixe fermentar em um local morno por cerca de 30 min. **5.** Após a fermentação, divida a massa em porções de aproximadamente 50 g cada (rende cerca de 16 rosetas). Modele cada porção em bolas lisas. **6.** Para criar o formato tradicional de roseta, pressione o centro de cada bola com o polegar e faça cortes em formato de cruz na superfície, usando uma lâmina ou faca afiada. **7.** Coloque as rosetas em uma assadeira levemente untada, deixando um espaço entre elas. Cubra-as novamente com filme de PVC e deixe fermentar por mais 30 a 40 min, até que as rosetas dobrem de tamanho. **8.** Antes de assar, pincele suavemente a superfície dos pães com água e polvilhe com o gergelim branco, pressionando levemente para que as sementes adiram bem à massa. **9.** Preaqueça o forno a 200° C. Asse as rosetas por cerca de 20 a 25 min, ou até que estejam douradas e soem ocas ao bater levemente na base. **10.** Retire-as do forno e deixe esfriar sobre uma grade antes de servir.

pão de alho

rendimento da massa: 23 unidades
porcionamento: 70 g
modelagem: filão
temperatura do forno para pré-assar: 160° C
tempo de forneamento a 160° C: 12 min
temperatura de forno: 180° C
tempo de forneamento a 180° C: 5 min
calor: seco

massa	quantidade
farinha de trigo	1 kg
açúcar	20 g
água	550 g
fermento biológico seco	10 g
sal refinado	20 g
manteiga sem sal	40 g

recheio	
manteiga sem sal	200 g
muçarela	100 g
sal refinado	2 g
salsinha	10 g
alho em pasta sem sal	50 g

modo de preparo

1. Coloque na batedeira, ou na bancada, a farinha de trigo e o açúcar. Misture-os. **2.** Adicione parte da água e continue a misturar. Em seguida, coloque o fermento e, aos poucos, dê o ponto na massa com a água restante. **3.** Assim que o fermento estiver completamente incorporado, agregue o sal e comece a sovar. **4.** Em seguida, adicione a manteiga. **5.** Bata até atingir o ponto de véu. **6.** Retire da batedeira e porcione a massa; deixe descansar por 10 min. **7.** Acondicione nas assadeiras e leve para fermentar até dobrar de volume. **8.** Pré-asse a 160° C e resfrie. **9.** Prepare o recheio processando todos os ingredientes juntos. Utilize um saco de confeitar para acomodar o recheio. **10.** Faça cortes nos pães já pré-assados para recheá-los com a pasta de alho. Volte-os ao forno a 180° C por 5 min para o término da cocção.

pão tortano

rendimento da massa: 1 unidade
porcionamento: toda a massa
modelagem: rosca
temperatura de forno: 200° C
tempo de forneamento: 45 min
calor: úmido

massa	quantidade
farinha de trigo	1 kg
açúcar	30 g
fermento biológico seco	10 g
água	550 g
sal refinado	20 g
azeite	50 g

recheio	
calabresa em rodelas finas ou picada	600 g
muçarela ralada	150 g

modo de preparo

1. Na batedeira ou em um *bowl* grande (para fazer à mão), misture bem a farinha, o açúcar e o fermento. **2.** Gradualmente, adicione a água à mistura de farinha, mexendo até que a massa comece a se formar. **3.** Adicione o sal e o azeite. Sove a massa manualmente ou na batedeira com gancho até que ela esteja lisa, elástica e homogênea, o que leva cerca de 10 a 15 min. **4.** Coloque a massa em um *bowl* levemente untado com azeite, cubra com filme de PVC e deixe descansar por 30 min. **5.** Em seguida, transfira-a para uma superfície levemente enfarinhada. Abra a massa em um retângulo grande e uniforme, com cerca de 1 cm de espessura. **6.** Distribua uniformemente a calabresa sobre a massa aberta, deixando uma pequena margem nas bordas. Espalhe a muçarela por cima da calabresa. **7.** Começando por um dos lados mais longos, enrole a massa como se fosse um rocambole, apertando bem para que o recheio fique firme dentro da massa. **8.** Una as extremidades do rolo para formar uma rosca. Se desejar, faça cortes superficiais na parte superior da massa para decorar e permitir que o vapor escape durante o assamento. **9.** Coloque o pão em uma assadeira levemente untada. Cubra com filme de PVC e deixe fermentar novamente por cerca de 30 a 40 min, até que a rosca dobre de tamanho. **10.** Preaqueça o forno a 200° C. Asse o tortano por cerca de 30 a 40 min, ou até que a massa esteja dourada e o recheio, borbulhante. **11.** Para verificar se está pronto, bata levemente na base; se emitir um som oco, está assado. **12.** Retire o tortano do forno e deixe esfriar um pouco antes de cortar. Sirva quente ou em temperatura ambiente.

buraco quente

rendimento da massa: 20 unidades
porcionamento: 80 g
modelagem: assadeira
temperatura de forno: 180° C
tempo de forneamento: 15 min
calor: úmido

massa	quantidade
farinha de trigo	1 kg
açúcar refinado	5 g
água	550 g
fermento biológico seco	10 g
sal refinado	20 g

recheio	
azeite	50 g
cebola picada	1 unidade
alho picado	2 dentes
carne moída	500 g
molho de tomate	quanto baste
sal	quanto baste
cebolinha	quanto baste

modo de preparo

1. Coloque na batedeira a farinha de trigo e o açúcar e misture-os na velocidade 1. **2.** Adicione 90% do líquido referente à massa. Continue a misturar na mesma velocidade. **3.** Coloque o fermento e o restante do líquido, ainda na velocidade número 1. **4.** Assim que o fermento estiver completamente incorporado, agregue o sal e utilize a velocidade 2. **5.** Bata até atingir o ponto de véu. Retire a massa da batedeira e divida-a em porções de 80 g cada. Boleie cada porção, formando bolas lisas e uniformes. **6.** Deixe-as descansar por cerca de 10 a 15 min, cobertas com filme de PVC. **7.** Após o descanso, modele cada porção em formato de rocambole, de modo uniforme. **8.** Acomode os pães em assadeiras (planas perfuradas ou em canaleta) untadas, mantendo um espaço adequado entre eles. **9.** Cubra as assadeiras com filme de PVC e leve os pães para fermentar até que dobrem de tamanho, o que pode levar de 1 a 2 h. **10.** Preaqueça o forno a 180° C. Faça os cortes nos pães franceses, borrife-os com água e leve para o forno (o borrifamento da água é essencial para o obter uma crosta crocante). **11.** Asse os pães por cerca de 15 min ou até que estejam dourados e firmes ao toque. Para verificar se estão prontos, bata levemente na base deles; se emitirem um som oco, estão bem assados. **12.** Retire-os do forno e deixe-os esfriar sobre uma grade. **13.** Aqueça uma panela, coloque o azeite e frite a cebola e o alho. Acrescente a carne moída. **14.** Deixe secar o líquido. Coloque o molho de tomate e ajuste o sal. **15.** Por último, acrescente a cebolinha. Depois que o pão francês estiver assado, corte a tampa e empurre o miolo para dentro do pão. Acrescente o recheio e sirva.

focaccia tradicional

rendimento da massa: 4 unidades
porcionamento: 450 g
modelagem: forma
temperatura de forno: 180° C
tempo de forneamento: 15 min
calor: úmido

massa	quantidade
farinha de trigo	1 kg
açúcar	80 g
fermento biológico seco	20 g
água	800 g
sal refinado	20 g
azeite	80 g

cobertura	
alecrim fresco	4 galhos
sal grosso	5 g
azeite	50 g

modo de preparo

1. Na batedeira ou em um *bowl* grande (para fazer à mão), misture a farinha, o fermento e o açúcar. **2.** Faça um buraco no centro da mistura e acrescente a metade da água. **3.** Acrescente o sal e o azeite. **4.** Adicione aos poucos o restante da água até atingir o ponto de véu **5.** Transfira a massa para um *bowl* levemente untado com azeite, cubra com filme de PVC, e deixe fermentar em um local morno por cerca de 1 h a 1h30, ou até que a massa tenha dobrado de tamanho. **6.** Após a fermentação, divida a massa em 4 porções, de aproximadamente 450 g cada. **7.** Abra cada porção de massa em uma forma retangular ou redonda, pressionando com os dedos para criar pequenas cavidades na superfície. **8.** Transfira a massa para formas untadas com azeite, espalhando-a uniformemente. **9.** Pincele a superfície da massa com azeite. Espalhe as folhas de alecrim fresco por cima e polvilhe com sal grosso. **10.** Deixe a massa descansar e fermentar na forma por mais 20 a 30 min. **11.** Preaqueça o forno a 180° C. **12.** Asse a *focaccia* por aproximadamente 15 min, ou até que a superfície esteja dourada e crocante. **13.** Retire a *focaccia* do forno e deixe esfriar um pouco antes de cortar.

broa de milho com erva-doce

rendimento da massa: 7 unidades
porcionamento: 330 g
modelagem: redondo
temperatura do forno: 160° C
tempo de forneamento: 25 min
calor: seco

ingredientes	quantidade
farinha de trigo	1 kg
fubá mimoso	300 g
açúcar refinado	100 g
fermento biológico seco	20 g
leite integral	300 g
água	450 g
sal refinado	15 g
manteiga sem sal	100 g
sementes de erva-doce	5 g

modo de preparo

1. Na batedeira, coloque a farinha, o fubá, o açúcar e misture-os bem. **2.** Adicione o fermento e misture novamente. **3.** Com a batedeira em velocidade baixa, adicione o leite e a água. Continue batendo até que o fermento esteja completamente incorporado. **4.** Aumente a velocidade da batedeira para a velocidade 2 e adicione o sal e a manteiga. Bata até que a massa atinja o ponto de véu. **5.** Acrescente as sementes de erva-doce e misture delicadamente. **6.** Retire a massa da batedeira e deixe descansar sobre a bancada por 10 min. **7.** Divida a massa em porções de 330 g cada e modele em bolas redondas. **8.** Coloque as bolas de massa em assadeiras untadas, deixando um espaço entre elas. **9.** Cubra com filme de PVC e deixe fermentar até que as broas aumentem de tamanho, o que leva cerca de 1 h. **10.** Preaqueça o forno a 160° C. **11.** Asse as broas por aproximadamente 25 min, ou até que estejam douradas e firmes ao toque. **12.** Retire-as do forno e deixe esfriar sobre uma grade.

pão de hambúrguer

rendimento da massa: 25 unidades
porcionamento: 70 g
modelagem: redondo
temperatura de forno: 160° C
tempo de forneamento: 15 min
calor: seco

massa	quantidade
farinha de trigo	1 kg
açúcar	90 g
leite em pó	30 g
fermento biológico seco	20 g
água	480 g
sal refinado	20 g
manteiga sem sal	120 g

finalização	
gergelim	50 g

modo de preparo

1. Coloque na batedeira, ou na bancada, a farinha, o açúcar e o leite em pó; misture-os.
2. Em seguida, adicione o fermento e a água.
3. Assim que o fermento estiver completamente incorporado, agregue o sal e a manteiga e comece a sovar. **4.** Bata até atingir o ponto de véu. **5.** Retire a massa, porcione e deixe descansar por 10 min. **6.** Modele e aplique gergelim; acondicione nas assadeiras e leve para fermentar. **7.** Preaqueça o forno a 160° C.
8. Asse por aproximadamente 15 min, ou até que estejam douradas. **9.** Retire do forno e deixe esfriar sobre uma grade.

baguete

rendimento da massa: 15 unidades
porcionamento: 150 g
modelagem: filão
assadeira: plana perfurada ou em canaleta
temperatura do forno: 180° C
tempo de forneamento: 15 min
calor: úmido

ingredientes	quantidade
farinha de trigo	1 kg
açúcar refinado	5 g
água	550 g
fermento biológico seco	10 g
sal refinado	20 g

modo de preparo

1. Coloque a farinha e o açúcar na batedeira e misture-os na velocidade 1. **2.** Gradualmente, adicione 90% da água (cerca de 495 g) à mistura de farinha e açúcar, ainda na velocidade 1. Misture até que todos os ingredientes secos estejam incorporados. **3.** Adicione o fermento à massa e continue misturando na velocidade 1. Em seguida, acrescente o restante da água (cerca de 55 g) e misture até a massa ficar uniforme. **4.** Na sequência, adicione o sal. Aumente a velocidade da batedeira para a velocidade média (velocidade 2) e continue batendo até que a massa atinja o ponto de véu. **5.** Retire a massa da batedeira e divida-a em porções de 150 g cada. Boleie cada porção, formando bolas lisas e uniformes. Deixe as bolas de massa descansarem por cerca de 10 a 15 min, cobertas com filme de PVC. **6.** Depois, modele cada porção em formato de baguete, esticando suavemente a massa até atingir o comprimento desejado. Acomode as baguetes em assadeiras (planas perfuradas ou em canaleta) untadas, mantendo um espaço adequado entre elas. **7.** Cubra as assadeiras com filme de PVC e leve as baguetes para fermentar até que dobrem de tamanho, o que pode levar de 1 a 2 h. **8.** Preaqueça o forno a 180° C. Faça os cortes nas baguetes, borrife com água e leve para o forno (o borrifamento da água sobre a massa crua é essencial para o desenvolvimento de uma crosta crocante). **9.** Asse as baguetes por aproximadamente 15 min ou até que estejam douradas e firmes ao toque. Para verificar se estão prontas, bata levemente na base delas; se emitirem um som oco, estão bem assadas. **10.** Retire-as do forno e deixe-as esfriar sobre uma grade para evitar que o fundo fique úmido.

baguete recheada

rendimento da massa: 10 unidades
porcionamento: 150 g
modelagem: assadeira
temperatura do forno: 180° C
tempo de forneamento: 15 min
calor: úmido

massa	quantidade
farinha de trigo	1 kg
fermento biológico seco	10 g
açúcar refinado	15 g
água	500 g
azeite	50 g
sal refinado	20 g

recheio	
requeijão cremoso	300 g
calabresa fatiada	300 g
muçarela fatiada	300 g
presunto fatiado	300 g

modo de preparo

1. Na batedeira ou em uma bancada, coloque a farinha, o açúcar e o fermento. Misture na velocidade 1 até que estejam bem combinados. **2.** Adicione 90% da água (450 g) e continue a misturar na velocidade 1. Certifique-se de que o fermento esteja completamente incorporado. **3.** Após a mistura inicial, adicione o sal refinado e o azeite. Aumente para a velocidade 2 e bata até que a massa atinja o ponto de véu. **4.** Caso a massa esteja muito seca, adicione o restante da água aos poucos até atingir a consistência desejada. **5.** Retire a massa da batedeira, divida em 10 porções de 150 g cada e deixe descansar por 10 min na bancada, coberta por filme de PVC. **6.** Com a ajuda de um rolo, abra cada porção de massa em um retângulo. **7.** Coloque o recheio de sua escolha no centro da massa. Em seguida, enrole como um rocambole, selando bem as bordas para evitar que o recheio escape durante o assamento. **8.** Coloque as baguetes recheadas em uma assadeira untada, deixando um espaço entre elas. **9.** Deixe os pães fermentarem até dobrarem de volume, em um ambiente protegido e levemente aquecido. **10.** Preaqueça o forno a 180° C. **11.** Asse as baguetes por aproximadamente 15 min em calor úmido, até que estejam douradas e bem cozidas. **12.** Retire-as do forno e deixe esfriar sobre uma grade antes de servir.

biscoito de polvilho

rendimento da massa: 100 unidades
porcionamento: pingar
modelagem: pingar
temperatura do forno: 180° C
tempo de forneamento: 15 min
calor: seco

ingredientes	quantidade
polvilho azedo	500 g
sal refinado	10 g
leite integral	260 g
óleo de canola	150 g
ovo	50 g (cerca de 1 ovo grande)
leite integral	200 g

modo de preparo

1. Coloque na batedeira os seguintes ingredientes secos: polvilho azedo e sal. Misture-os na velocidade 1 da batedeira. **2.** Ferva 260 g de leite e o óleo de canola juntos. **3.** Escalde o polvilho com o leite e o óleo fervidos, deixe a massa se misturar em velocidade baixa até que esfrie. **4.** Adicione o ovo e cautelosamente dê ponto com 200 g de leite. **5.** Utilize sacos de confeitar e assadeiras antiaderentes ou untadas. Pingue os biscoitos e imediatamente leve-os ao forno.

breadsticks

rendimento da massa: 20 unidades
porcionamento: 420 g
modelagem: 2 retângulos
temperatura do forno: 180° C
tempo de forneamento: 15 min
calor: seco

massa	quantidade
farinha de trigo	500 g
açúcar	15 g
fermento biológico	10 g
água	275 g
sal refinado	10 g
azeite	25 g

recheio	
peperoni fatiado	250 g
muçarela ralada	100 g

finalização	
alho frito	5 g
cebola desidratada	5 g
orégano seco	2 g
queijo parmesão ralado	40 g
pimenta-do-reino em pó	quanto baste

modo de preparo

1. Coloque na batedeira, ou na bancada, a farinha de trigo e o açúcar. Misture-os. **2.** Adicione o fermento e a água e continue a misturar. **3.** Assim que o fermento estiver completamente incorporado, agregue o sal e o azeite e comece a sovar. **4.** Sove até atingir o ponto de véu. **5.** Retire a massa e porcione. Deixe descansar por 10 min. **6.** Com o auxílio de um rolo, abra duas massas e deixe descansar por mais 10 min. **7.** Coloque o *peperoni* fatiado sobre uma das massas abertas e depois a muçarela ralada. **8.** Sobreponha ao recheio a outra parte da massa aberta e feche as bordas. **9.** Numa assadeira untada, coloque a massa para fermentar por somente 10 min. Na sequência, leve ao forno por 15 min. **10.** Enquanto os *breadsticks* assam, processe o alho frito, a cebola desidratada e orégano seco. Acrescente o queijo ralado e ajuste a pimenta-do-reino. **11.** Depois de assado, corte a massa toda em pequenos palitos e aplique a finalização.

grissinis

rendimento da massa: 43 unidades
porcionamento: 20 g
modelagem: esticar em tiras
temperatura de forno: 180° C
tempo de forneamento: 15 a 20 min
calor: úmido

massa	quantidade
farinha de trigo	400 g
semolina	100 g
açúcar	15 g
fermento biológico seco	10 g
água	300 g
sal refinado	10 g
azeite	50 g

finalização	
semolina	100 g

modo de preparo

1. Na batedeira ou em um *bowl* grande (para fazer à mão), misture bem a farinha de trigo, a semolina e o açúcar. **2.** Adicione o fermento à mistura de ingredientes secos. Em seguida, despeje a água aos poucos, enquanto mistura em velocidade baixa ou manualmente, até que a massa comece a se formar e o fermento esteja totalmente incorporado. **3.** Assim que a massa estiver homogênea, adicione o sal e o azeite. Comece a sovar a massa, em velocidade média ou manualmente, até que todos os ingredientes estejam completamente incorporados, e a massa atinja o ponto de véu. **4.** Retire a massa da batedeira ou da bancada, porcione em bolinhas de 20 g cada. Coloque as porções em uma superfície levemente enfarinhada, cubra com filme de PVC e deixe descansar por cerca de 10 min para facilitar a modelagem. **5.** Após o descanso, modele cada porção de massa em tiras finas e longas, com cerca de 20 a 25 cm de comprimento. Role cada tira na semolina adicional para dar uma textura crocante à superfície dos grissinis. **6.** Acomode as tiras de massa em assadeiras, deixando um pequeno espaço entre elas. Cubra as assadeiras com filme de PVC e deixe fermentar em local morno por aproximadamente 20 a 30 min, até que os grissinis tenham crescido ligeiramente. **7.** Preaqueça o forno a 180° C. Coloque uma bandeja com água quente na parte inferior do forno para criar um ambiente úmido, essencial para obter um grissini crocante por fora e macio por dentro. **8.** Asse-os por 15 a 20 min ou até que estejam dourados e crocantes. Gire a assadeira na metade do tempo para garantir um dourado uniforme. **9.** Retire os grissinis do forno e deixe esfriar completamente sobre uma grade.

pão de aveia

rendimento da massa: 4 unidades
porcionamento: 450 g
modelagem: pão de forma
temperatura do forno: 170° C
tempo de forneamento: 22 min
calor: seco

massa	quantidade
farinha de trigo	800 g
farinha de aveia	200 g
açúcar refinado	50 g
fermento biológico seco	20 g
água	600 g
sal refinado	20 g
óleo de girassol	50 g
aveia em flocos	150 g

cobertura	
aveia em flocos	100 g

modo de preparo

1. Na batedeira ou em um *bowl* grande (para fazer à mão), misture a farinha de trigo, a farinha de aveia, o açúcar e o fermento. **2.** Acrescente a água aos poucos, misturando até formar uma massa homogênea. **3.** Adicione o sal e o óleo, sovando até que a massa fique lisa e elástica, o que pode levar de 10 a 15 min. **4.** Incorpore a aveia em flocos na massa e misture bem para distribuir uniformemente. **5.** Cubra a massa com filme de PVC e deixe descansar em local morno por cerca de 1 h, ou até que dobre de tamanho. **6.** Após a fermentação, divida a massa em 4 partes de, aproximadamente, 450 g cada, modele-as em formato de pão de forma e coloque nas formas levemente untadas. **7.** Deixe os pães fermentarem novamente por cerca de 45 min, ou até que dobrem de tamanho. **8.** Antes de levar ao forno, pincele os pães com um pouco de água e polvilhe a aveia em flocos sobre o topo de cada pão. **9.** Preaqueça o forno a 170° C. **10.** Asse os pães por 22 min, ou até que estejam levemente dourados e cozidos por dentro. **11.** Retire os pães do forno e deixe esfriar sobre uma grade antes de desenformar.

pão de batata

rendimento da massa: 30 unidades
porcionamento: 60 g
modelagem: redondo
temperatura do forno: 160° C
tempo de forneamento: 18 min
calor: seco

massa	quantidade
farinha de trigo	1 kg
açúcar refinado	100 g
leite em pó	30 g
batata cozida, fria e amassada	500 g
ovos	150 g (cerca de 3 ovos grandes)
fermento biológico seco	10 g
água	aprox. 100 g
sal refinado	25 g
manteiga sem sal	25 g

recheio	
requeijão cremoso	650 g
calabresa moída	350 g

modo de preparo

1. Na batedeira ou em um *bowl* grande (para fazer à mão), misture a farinha, o açúcar e o leite em pó. **2.** Acrescente a batata, os ovos e o fermento. **3.** Comece a amassar e adicione a água aos poucos, até que a massa comece a se formar. **4.** Adicione o sal e a manteiga, continuando a amassar até obter uma massa lisa e homogênea. A massa deve ficar macia, mas não pegajosa. **5.** Cubra-a com filme de PVC e deixe descansar por cerca de 1 h ou até dobrar de volume. **6.** Divida a massa em porções de 60 g cada e abra cada uma com as mãos, formando um disco, e adicione uma porção do recheio de requeijão cremoso e calabresa moída no centro. **7.** Feche a massa, moldando-a em uma bola redonda, com o recheio bem envolvido pela massa. **8.** Coloque as bolas de massa em uma assadeira untada, deixando um espaço entre elas. **9.** Deixe os pães descansarem por mais 30 min para a segunda fermentação. Eles devem aumentar de tamanho, mas sem dobrar de volume. **10.** Preaquecer o forno a 160° C. **11.** Asse os pães por cerca de 18 min, até que fiquem dourados e firmes ao toque. **12.** Retire os pães do forno e deixe-os esfriar sobre uma grade.

pão de cará

rendimento da massa: 29 unidades
porcionamento: 60 g
modelagem: redondo
temperatura do forno: 180° C
tempo de forneamento: 15 min
calor: seco

ingredientes	quantidade
farinha de trigo	1 kg
açúcar refinado	40 g
fermento biológico seco	20 g
cará cozido, frio e amassado	400 g
ovos	100 g (cerca de 2 ovos grandes)
leite integral	100 g
sal refinado	25 g
óleo de soja	50 g

modo de preparo

1. Na batedeira ou em um *bowl* grande (para fazer à mão), misture a farinha e o açúcar. **2.** Adicione o fermento e misture bem. **3.** Em outro *bowl*, combine o cará, os ovos, o leite e o óleo. **4.** Misture os ingredientes líquidos à mistura de farinha e comece a sovar até formar uma massa homogênea. **5.** Adicione o sal refinado e continue a amassar até que a massa fique lisa e elástica, após cerca de 10 min. **6.** Cubra a massa com filme de PVC e deixe descansar por aproximadamente 1 h, ou até dobrar de volume. **7.** Divida-a em porções de 60 g cada, modele cada porção em uma bola redonda e coloque-as em uma assadeira untada, deixando um espaço entre elas. **8.** Cubra os pães com filme de PVC e deixe-os descansar por mais 30 min para a segunda fermentação. **9.** Preaqueça o forno a 180° C. **10.** Asse os pães por cerca de 15 min, ou até que estejam dourados e firmes ao toque. **11.** Retire os pães do forno e deixe esfriar sobre uma grade.

pão de cebola

rendimento da massa: 32 unidades
porcionamento: 60 g
modelagem: redondo
temperatura do forno: 170° C
tempo de forneamento: 20 min
calor: seco

ingredientes	quantidade
farinha de trigo	1 kg
açúcar refinado	40 g
fermento biológico seco	20 g
leite em pó	20 g
água	330 g
sal refinado	20 g
manteiga sem sal em temperatura ambiente	100 g
cebola picada e refogada	400 g

modo de preparo

1. Na batedeira ou em um *bowl* grande (para fazer à mão), misture a farinha, o açúcar, o leite em pó e o fermento. **2.** Adicione a água à mistura de farinha. **3.** Comece a amassar e adicione o sal. Incorpore a manteiga em pedaços e continue amassando até que a massa fique lisa e elástica, o que deve levar cerca de 10 min. **4.** Cubra a massa com filme de PVC e deixe descansar por aproximadamente 1 h, ou até que dobre de volume. **5.** Enquanto a massa descansa, refogue a cebola picada em uma frigideira com um pouco de óleo ou manteiga até que esteja dourada e macia. Deixe esfriar. **6.** Após a massa ter dobrado de volume, abra-a sobre uma superfície levemente enfarinhada e espalhe a cebola refogada sobre a massa. **7.** Dobre a massa sobre a cebola e amasse delicadamente para incorporar os pedaços de cebola na massa. **8.** Divida-a em porções de 60 g. Modele cada uma em uma bola redonda e coloque-as em uma assadeira untada, deixando um espaço entre elas. **9.** Cubra os pães com filme de PVC e deixe-os descansar por mais 30 min para a segunda fermentação, na qual devem crescer um pouco mais. **10.** Preaqueça o forno a 170° C. **11.** Asse os pães por cerca de 20 min, ou até que fiquem dourados e firmes ao toque. **12.** Retire os pães do forno e deixe esfriar sobre uma grade.

pão de ervas

rendimento da massa: 33 unidades
porcionamento: 50 g
modelagem: redondo
temperatura do forno: 180° C
tempo de forneamento: 18 min
calor: úmido

ingredientes	quantidade
farinha de trigo	1 kg
açúcar	30 g
fermento biológico seco	20 g
água	500 g
sal refinado	20 g
manteiga sem sal em temperatura ambiente	50 g
tomilho	10 g
orégano	10 g
manjericão	10 g

modo de preparo

1. Na batedeira ou em um *bowl* grande (para fazer à mão), misture a farinha, o açúcar e o fermento. **2.** Adicione a água aos poucos, misturando até formar uma massa homogênea. **3.** Acrescente o sal e continue a amassar até a massa ficar lisa e elástica. **4.** Incorpore a manteiga amolecida à massa, amassando bem até atingir o ponto de véu. **5.** Em seguida, adicione as três ervas e misture até que estejam bem distribuídas pela massa. **6.** Cubra a massa com filme de PVC e deixe fermentar em local morno por aproximadamente 1 h, ou até que a massa dobre de tamanho. **7.** Após a fermentação, divida a massa em porções de 50 g e modele-as em formato redondo. **8.** Coloque os pães modelados em uma assadeira levemente untada, deixando um espaço entre eles. **9.** Cubra novamente e deixe fermentar por mais 30 min. **10.** Preaqueça o forno a 180° C com calor úmido. **11.** Asse os pães por aproximadamente 18 min ou até que estejam dourados. **12.** Retire os pães do forno e deixe esfriar sobre uma grade.

pão de festa

rendimento da massa: 50 unidades
porcionamento: massa única
modelagem: aro redondo de 6 cm
temperatura do forno: 130° C
tempo de forneamento: 12 min
calor: seco

esponja	quantidade
farinha de trigo	200 g
fermento biológico seco	20 g
água	200 g

modo de preparo

1. Em um *bowl*, coloque a farinha, o fermento e a água. **2.** Mexa bem até obter uma mistura homogênea e deixe fermentar por 30 min em um local quente e protegido.

massa	quantidade
farinha de trigo	800 g
açúcar refinado	150 g
ovos	200 g (cerca de 4 ovos grandes)
leite integral	250 g
sal refinado	20 g
manteiga sem sal	100 g

finalização	
manteiga em ponto de pomada	150 g
queijo parmesão ralado fino	200 g

modo de preparo

1. Coloque a farinha, o açúcar e os ovos em uma superfície de trabalho. **2.** Acrescente a esponja à mistura. Em seguida, adicione o leite, o sal e a manteiga. **3.** Sove a massa até atingir o ponto de véu. **4.** Deixe a massa descansar por 10 min. **5.** Abra a massa com a palma da mão, mantendo uma espessura uniforme. **6.** Utilize um aro redondo de 6 cm para cortar a massa em porções. **7.** Coloque as porções de massa cortadas em uma forma untada e deixe os pães fermentarem até dobrarem de volume. **8.** Preaqueça o forno a 130° C. **9.** Asse os pães por aproximadamente 12 min, ou até que estejam levemente dourados. **10.** Assim que retirar os pães do forno, pincele-os com a manteiga em ponto de pomada. **11.** Polvilhe o queijo parmesão ralado fino sobre os pães ainda quentes.

pão de figo

rendimento da massa: 8 unidades
porcionamento: 230 g
modelagem: filão
temperatura de forno: 180° C
tempo de forneamento: 30 min
calor: úmido

ingredientes	quantidade
farinha de trigo	700 g
farinha integral	300 g
açúcar refinado	40 g
fermento biológico seco	10 g
água	550 g
sal refinado	20 g
manteiga sem sal	50 g
figo seco picado	300 g

modo de preparo

1. Na batedeira ou em um *bowl* grande (para fazer à mão), misture os dois tipos de farinha, o açúcar e o fermento. **2.** Acrescente a água aos poucos, misturando bem até obter uma massa homogênea. **3.** Adicione o sal e a manteiga e continue sovando até que a massa fique lisa e elástica, o que leva cerca de 10 a 15 min. **4.** Incorpore os figos secos picados à massa, distribuindo-os uniformemente. **5.** Cubra a massa com filme de PVC e deixe fermentar em local morno por cerca de 1 h, ou até que dobre de tamanho. **6.** Após a fermentação, divida a massa em 8 partes iguais, de aproximadamente 230 g cada, e modele cada porção no formato de filão (um cilindro alongado). **7.** Coloque os filões em uma assadeira untada. **8.** Cubra novamente e deixe descansar por mais 30 min. **9.** Preaqueça o forno a 180° C com calor úmido. **10.** Faça cortes diagonais leves na superfície dos pães para facilitar o crescimento durante o cozimento. **11.** Asse os pães por aproximadamente 30 min, ou até que estejam dourados e soem ocos ao bater levemente na parte inferior. **12.** Retire os pães do forno e deixe esfriar sobre uma grade antes de servir.

pão de forma

rendimento da massa: 5 unidades
porcionamento: 340 g
modelagem: pão de forma
temperatura de forno: 160° C
tempo de forneamento: 25 min
calor: seco

ingredientes	quantidade
farinha de trigo	1 kg
açúcar refinado	30 g
leite em pó	50 g
fermento biológico seco	20 g
água	500 g
sal refinado	20 g
manteiga sem sal em temperatura ambiente	100 g

modo de preparo

1. Na batedeira ou em um *bowl* grande (para fazer à mão), misture a farinha, o açúcar, o leite em pó e o fermento. **2.** Adicione a água aos poucos, misturando bem até formar uma massa homogênea. **3.** Acrescente o sal e a manteiga amolecida e sove a massa por 10 a 15 min até que ela fique lisa e elástica. **4.** Cubra a massa com filme de PVC e deixe-a fermentar até dobrar de tamanho. **5.** Após a fermentação, divida a massa em 5 partes iguais, de aproximadamente 340 g cada. **6.** Modele cada porção em formato de pão de forma e coloque-as em formas próprias para pão de forma previamente untadas. **7.** Cubra os pães modelados e deixe descansar por mais 30 min para que cresçam um pouco mais. **8.** Preaqueça o forno a 160° C. **9.** Asse os pães por aproximadamente 25 min, ou até que estejam dourados e cozidos por completo. **10.** Retire os pães do forno e deixe esfriar sobre uma grade antes de desenformar e servir.

pão de mandioquinha

rendimento da massa: 37 unidades
porcionamento: 50 g
modelagem: redondo
temperatura de forno: 160° C
tempo de forneamento: 18 min
calor: seco

ingredientes	quantidade
farinha de trigo	1 kg
açúcar refinado	100 g
fermento biológico seco	10 g
mandioquinha cozida, fria e amassada	500 g
ovos	100 g (cerca de 2 ovos grandes)
água	100 g
sal refinado	25 g
óleo de milho	25 g

modo de preparo

1. Na batedeira ou em um *bowl* grande (para fazer à mão), misture a farinha, o açúcar e o fermento. **2.** Acrescente a mandioquinha, os ovos, e a água. Misture bem até obter uma massa homogênea. **3.** Adicione o sal e o óleo de milho, e sove a massa por cerca de 10 a 15 min até que ela fique lisa e elástica. **4.** Cubra-a com filme de PVC e deixe-a fermentar por aproximadamente 1 h, ou até dobrar de volume. **5.** Após a fermentação, divida a massa em 37 porções, de 50 g cada, e modele cada porção no formato de uma pequena bola. **6.** Coloque as bolinhas de massa em uma assadeira untada. Cubra-as e deixe descansar por mais 20 a 30 min. **7.** Preaqueça o forno a 160° C. **8.** Asse os pães por aproximadamente 18 min, ou até que estejam levemente dourados e bem cozidos. **9.** Retire os pães do forno e deixe esfriar sobre uma grade.

pão de torresmo

rendimento da massa: 4 unidades
porcionamento: 500 g
modelagem: rosca
temperatura de forno: 180° C
tempo de forneamento: 15 min
calor: úmido

ingredientes	quantidade
farinha de trigo	1 kg
açúcar refinado	30 g
fermento biológico seco	20 g
água	600 g
sal refinado	20 g
torresmo moído grosseiramente	500 g

modo de preparo

1. Na batedeira, adicione a farinha, o açúcar e o fermento; bata-os na velocidade 1 até que estejam bem misturados. **2.** Ainda na velocidade 1, adicione a água aos poucos, para que a massa comece a se formar, e continue batendo até que o fermento esteja completamente incorporado na massa. **3.** Na sequência, adicione o sal à massa e aumente a velocidade da batedeira para 2 e continue batendo até que a massa atinja o ponto de véu. **4.** Acrescente aproximadamente 400 g de torresmo e misture até que esteja uniformemente distribuído na massa. **5.** Retire a massa da batedeira e deixe-a descansar na bancada por 10 min, coberta com filme de PVC. **6.** Após o descanso, abra a massa em duas tiras retangulares iguais. **7.** Modele cada uma como um filão. **8.** Coloque uma parte ao lado da outra e as entrelace. Una as duas pontas finais de cada tira para formar uma rosca. **9.** Depois de modeladas as roscas, faça a decoração com o torresmo restante (100 g). **10.** Coloque as roscas em uma assadeira untada. **11.** Deixe fermentar até que dobrem de volume. **12.** Preaqueça o forno a 180° C. Para criar um ambiente úmido, coloque uma assadeira com água na parte inferior do forno ou borrife água no forno antes de assar. **13.** Asse as roscas por cerca de 15 min, ou até que estejam douradas e completamente cozidas. **14.** Retire as roscas do forno e deixe esfriar sobre uma grade antes de servir.

pão integral

rendimento da massa: 4 unidades
porcionamento: 400 g
modelagem: pão de forma
temperatura do forno: 180° C
tempo de forneamento: 25 min
calor: seco

ingredientes	quantidade
farinha de trigo	500 g
farinha integral	500 g
açúcar refinado	40 g
fermento biológico seco	10 g
água	520 g
sal refinado	20 g
manteiga sem sal em temperatura ambiente	40 g

modo de preparo

1. Na batedeira ou em um *bowl* grande (para fazer à mão), adicione os dois tipos de farinha, o açúcar e o fermento. Misture bem. **2.** Aos poucos, acrescente a água em temperatura ambiente, mexendo até formar uma massa homogênea. **3.** Adicione o sal e a manteiga amolecida. Sove a massa até que fique lisa e elástica, o que pode levar cerca de 10 a 15 min. **4.** Cubra a massa com filme de PVC e deixe descansar em local morno por cerca de 1 h, ou até que dobre de tamanho. **5.** Após a fermentação, divida a massa em 4 partes, de aproximadamente 400 g cada, e modele cada parte em formato de pão de forma. Coloque em formas de pão levemente untadas. **6.** Deixe os pães fermentarem novamente por cerca de 45 min, ou até que dobrem de tamanho. **7.** Preaqueça o forno a 180° C. **8.** Leve as formas ao forno e asse por 25 min, até que os pães estejam dourados por fora e assados por dentro. **9.** Retire os pães do forno e deixe esfriar sobre uma grade antes de desenformar.

pão multicereais

rendimento da massa: 4 unidades
porcionamento: 450 g
modelagem: pão de forma
temperatura do forno: 180° C
tempo de forneamento: 25 min
calor: seco

massa	quantidade
farinha de trigo	800 g
farinha integral	200 g
açúcar refinado	75 g
fermento biológico seco	20 g
água	550 g
sal refinado	20 g
manteiga sem sal em temperatura ambiente	30 g
semente de girassol sem casca	50 g
linhaça dourada	50 g
gergelim	50 g
gérmen de trigo	50 g

cobertura	
semente de girassol sem casca	50 g
linhaça dourada	50 g
gergelim	50 g
gérmen de trigo	50 g

modo de preparo

1. Na batedeira ou em um *bowl* grande (para fazer à mão), misture os dois tipos de farinha, o açúcar e o fermento. **2.** Acrescente a água aos poucos, misturando até obter uma massa homogênea. **3.** Adicione o sal e a manteiga amolecida, sovando até que a massa fique lisa e elástica, o que pode levar de 10 a 15 min. **4.** Incorpore à massa as sementes de girassol, a linhaça dourada, o gergelim e o gérmen de trigo, distribuindo-os uniformemente. **5.** Cubra a massa com filme de PVC e deixe descansar por cerca de 1 h, ou até que dobre de tamanho. **6.** Após a fermentação, divida a massa em 4 partes, de aproximadamente 450 g cada, e modele-as em formato de pão de forma e coloque nas formas de pão levemente untadas. **7.** Deixe os pães fermentarem novamente por cerca de 45 min, ou até que dobrem de tamanho. **8.** Antes de levar ao forno, pincele os pães com um pouco de água e polvilhe as sementes de girassol, linhaça dourada, gergelim e gérmen de trigo sobre o topo de cada pão. **9.** Preaqueça o forno a 180° C. **10.** Asse os pães por 25 min, ou até que estejam dourados e cozidos por dentro. **11.** Retire os pães do forno e deixe esfriar sobre uma grade antes de desenformar.

crustoli
(receita na página 89)

crustoli (foto nas páginas 86 e 87)

rendimento da massa: 60 unidades
porcionamento: 1 massa
temperatura do óleo para fritar: 160° C
tempo de fritura de cada unidade: 2 min

esponja	quantidade
farinha de trigo	100 g
fermento biológico seco	10 g
água	100 g

massa	quantidade
farinha de trigo	400 g
açúcar refinado	50 g
ovo	50 g (cerca de 1 ovo grande)
sal refinado	8 g
manteiga sem sal	50 g
leite integral	100 g

finalização	
açúcar refinado	100 g
canela em pó	30 g

modo de preparo

1. Em um *bowl* grande, coloque a farinha, o fermento e a água. **2.** Mexa bem até obter uma mistura homogênea e deixe fermentar por 30 min em um local quente e protegido.

modo de preparo

1. Após 30 min, a esponja já está pronta para ser usada. **2.** Coloque na mesa a farinha, o açúcar e os ovos. **3.** Acrescente a esponja na mistura acima. **4.** Adicione o sal, a manteiga e o leite. **5.** Sove a massa até atingir o ponto de véu. **6.** Deixe a massa descansar por 10 min. **7.** Abra a massa com auxílio de um rolo e deixe-a bem fina. **8.** Corte em retângulos de 3 cm × 10 cm e faça um corte no centro da massa; e, para modelar, inverta a massa **9.** Frite por imersão e, em seguida, polvilhe açúcar e canela.

rosca de coco

rendimento da massa: 3 unidades
porcionamento: 600 g
modelagem: rosca
temperatura do forno: 160° C
tempo de forneamento: 25 min
calor: seco

esponja	quantidade
farinha de trigo	200 g
fermento biológico seco	20 g
água	200 g

massa	quantidade
farinha de trigo	800 g
açúcar refinado	150 g
ovos	100 g (cerca de 2 ovos grandes)
leite integral	200 g
sal refinado	15 g
manteiga sem sal	100 g

ingredientes extras	
coco ralado	200 g
açúcar cristal	100 g
ovo para pincelar a massa	1 unidade
óleo para untar a assadeira	10 g

crème pâtissière	quantidade
leite integral	250 g
fava de baunilha	¼ unidade
açúcar refinado	60 g
manteiga sem sal	25 g
gemas	80 g
amido de milho	20 g

modo de preparo

1. Em um *bowl* grande, coloque a farinha, o fermento e a água. **2.** Mexa bem até obter uma mistura homogênea e deixe fermentar por 30 min em um local quente e protegido.

modo de preparo

1. A esponja pode ser usada. **2.** Em uma superfície, misture a farinha, o açúcar e os ovos. **3.** Acrescente a esponja a essa mistura. **4.** Adicione o leite, o sal e a manteiga e sove a massa até atingir o ponto de véu. **5.** Deixe a massa descansar por 10 min. **6.** Em seguida, divida a massa em três partes iguais. Abra cada parte com a ajuda de um rolo até que fique com 1 cm de espessura, aproximadamente 40 cm × 30 cm. **7.** Espalhe o *crème pâtissière* frio sobre cada parte e polvilhe o coco ralado sobre o creme. **8.** Enrole cada um dos três retângulos como um rocambole. Corte cada rocambole no sentido do comprimento. Entrelace as duas metades de cada rocambole e una as pontas para formar uma rosca. **9.** Coloque as roscas em uma assadeira untada com óleo e deixe fermentar até dobrar de volume. **10.** Pincele a superfície das roscas com o ovo batido e polvilhe o açúcar cristal por cima. **11.** Preaqueça o forno a 160° C. **12.** Asse as roscas em calor seco por cerca de 25 min, ou até que estejam douradas e completamente cozidas.

modo de preparo

1. Aqueça o leite (separando um pouco para o *slurry*), com a fava de baunilha aberta, metade do açúcar e a manteiga. **2.** À parte, misture as gemas com o restante do açúcar e o amido de milho dissolvido em um pouco de leite. **3.** Faça a temperagem, ou seja, coloque o leite quente sobre a mistura acima, volte ao fogo e cozinhe até engrossar, mexendo sempre. **4.** Cubra o creme com filme de PVC, que deve estar em contato com o creme para não criar uma película. **5.** Resfrie na geladeira ou em banho-maria de gelo.

sonho

rendimento da massa: 27 unidades
porcionamento: 70 g
temperatura do forno: 170° C
tempo de forneamento: 9 min
temperatura do óleo para fritar: 160° C
calor: seco

esponja	quantidade
farinha de trigo	200 g
fermento biológico seco	20 g
água	200 g

massa	quantidade
farinha de trigo	800 g
açúcar refinado	180 g
ovos	75 g
leite integral	250 g
sal refinado	15 g
manteiga sem sal	75 g

crème pâtissière	quantidade
leite integral	500 g
fava de baunilha	½ unidade
açúcar refinado	120 g
manteiga integral sem sal	50 g
gemas	160 g
amido de milho	40 g

modo de preparo

1. Em um *bowl* grande, coloque a farinha, o fermento e a água. **2.** Mexa bem até obter uma mistura homogênea e deixe fermentar por 30 min em um local quente e protegido.

modo de preparo

1. Após 30 min, a esponja já está pronta para ser usada. **2.** Coloque na mesa a farinha, o açúcar e os ovos. **3.** Acrescente a esponja na mistura acima. **4.** Adicione o leite, o sal e a manteiga. Em seguida, sove a massa até atingir o ponto de véu. **5.** Deixe a massa descansar por 10 min. **6.** Porcione em 70 g. Unte uma forma e coloque a massa. **7.** Deixe fermentar até dobrar de volume. **8.** Passe ovo por cima e leve ao forno para pré-assar. **9.** Espere esfriar e, em seguida, frite as porções em óleo preaquecido a 160° C por cerca de 2 min de cada lado para ficarem dourados e crocantes. **10.** Espere esfriar e, com auxílio de uma faca, corte a massa, aplique o *crème pâtissière* frio (veja a receita abaixo) e finalize com um pouco de açúcar de confeiteiro.

modo de preparo

1. Aqueça o leite (separando um pouco para o *slurry*) com a fava de baunilha aberta, metade do açúcar e a manteiga. **2.** À parte, misture as gemas com o restante do açúcar e o amido de milho dissolvido em um pouco de leite. **3.** Faça a temperagem, ou seja, coloque o leite quente sobre a mistura acima, volte ao fogo e cozinhe até engrossar, mexendo sempre. **4.** Cubra o creme com o filme de PVC, que deve estar em contato com o creme para não criar uma película. **5.** Resfrie na geladeira ou em banho-maria de gelo.

pão de maçã

rendimento da massa: 20 unidades
porcionamento: 90 g
modelagem: pão doce recheado
temperatura do forno: 160° C
tempo de forneamento: 25 min
calor: seco

esponja	quantidade
farinha de trigo	200 g
fermento biológico seco	20 g
água	200 g

modo de preparo

1. Em um *bowl* grande, coloque a farinha, o fermento e a água. **2.** Mexa bem até obter uma mistura homogênea e deixe fermentar por 30 min em um local quente e protegido.

massa	quantidade
farinha de trigo	800 g
açúcar refinado	150 g
ovo	50 g (cerca de 1 ovo grande)
sal refinado	15 g
manteiga sem sal	150 g
leite em pó	20 g
água	200 g

ingredientes extras	
maçã gala	4 unidades
ovo para pincelar a massa	1 unidade
óleo para untar a assadeira	10 g

modo de preparo

1. Após 30 min, a esponja já está pronta para ser usada. **2.** Coloque na mesa a farinha, o açúcar e o ovo. **3.** Acrescente a esponja na mistura acima. **4.** Adicione o sal, a manteiga, o leite em pó e a água. **5.** Sove a massa até atingir o ponto de véu. Em seguida, deixe a massa descansar por 10 min. **6.** Abra com auxílio de um rolo. Corte em quadrados de 10 cm × 10 cm, coloque o *crème pâtissière* frio (veja a receita abaixo) sobre a massa e as maçãs cortadas em cubos. Dobre a massa como uma trouxinha e coloque sobre uma forma untada. **7.** Deixe fermentar até dobrar de volume. Em seguida, passe ovo por cima e leve ao forno.

crème pâtissière	quantidade
leite integral	250 g
fava de baunilha	¼ unidade
açúcar refinado	60 g
manteiga integral sem sal	25 g
gemas	80 g
amido de milho	20 g

modo de preparo

1. Aqueça o leite (separando um pouco para o *slurry*), a fava de baunilha aberta, metade do açúcar e a manteiga. **2.** À parte, misture as gemas com o restante do açúcar e o amido de milho dissolvido em um pouco de leite. **3.** Faça a temperagem, ou seja, coloque o leite quente sobre a mistura acima, volte ao fogo e cozinhe até engrossar, mexendo sempre. **4.** Cubra o creme com o filme plástico, que deve estar em contato com o creme para não criar uma película. **5.** Resfrie na geladeira ou em banho-maria de gelo.

trança de frutas cristalizadas

rendimento da massa: 3 unidades
porcionamento: 600 g
modelagem: trança
temperatura do forno: 160° C
tempo de forneamento: 25 min
calor: seco

esponja	quantidade
farinha de trigo	200 g
fermento biológico seco	20 g
água	200 g

massa	quantidade
farinha de trigo	800 g
açúcar refinado	170 g
ovos	125 g
leite integral	200 g
manteiga sem sal	75 g
sal refinado	15 g

ingredientes extras	
frutas cristalizadas	300 g
ovo para pincelar a massa	1 unidade
óleo para untar a assadeira	10 g

crème pâtissière	quantidade
leite integral	250 g
fava de baunilha	¼ unidade
açúcar refinado	60 g
manteiga integral sem sal	25 g
gemas	80 g
amido de milho	20 g

modo de preparo

1. Em um *bowl* grande, coloque a farinha, o fermento e a água. **2.** Mexa bem até obter uma mistura homogênea e deixe fermentar por 30 min em um local quente e protegido.

modo de preparo

1. Após 30 min, a esponja já está pronta para ser usada. **2.** Coloque na mesa a farinha, o açúcar e os ovos. **3.** Acrescente a esponja na mistura acima. **4.** Adicione o leite, a manteiga e o sal. **5.** Sove a massa até atingir ponto de véu. Em seguida, deixe descansar por 10 min. **6.** Abra a massa com auxílio de um rolo. Coloque o *crème pâtissière* frio (veja a receita abaixo) sobre ela e coloque as frutas cristalizadas. Enrole como um rocambole. Com auxílio de uma faca, faça um corte no sentido do comprimento e trance a massa. **7.** Deixe fermentar até dobrar de volume. **8.** Passe ovo por cima e leve ao forno.

modo de preparo

1. Aqueça o leite (separando um pouco para o *slurry*), com a fava de baunilha aberta, metade do açúcar e a manteiga. **2.** À parte, misture as gemas com o restante do açúcar e o amido de milho dissolvido em um pouco de leite. **3.** Faça a temperagem, ou seja, coloque o leite quente sobre a mistura acima, volte ao fogo e cozinhe até engrossar, mexendo sempre. **4.** Cubra o creme com o filme plástico, que deve estar em contato com o creme para não criar uma película. **5.** Resfrie na geladeira ou em banho-maria de gelo.

broa caxambu

rendimento da massa: 38 unidades
porcionamento: 40 g
modelagem: redondo
temperatura do forno: 160° C
tempo de forneamento: 25 min
calor: seco

ingredientes	quantidade
açúcar	500 g
manteiga	300 g
ovos	200 g (cerca de 4 ovos grandes)
fubá mimoso	500 g
farinha de trigo	500 g
fermento pó químico	30 g
semente de erva-doce	5 g

ingrediente extra	
ovos para pincelar a massa	4 unidades

modo de preparo

1. Na batedeira ou em um *bowl* grande (para fazer à mão), coloque o açúcar e a manteiga. **2.** Misture até ficar uma "areia". **3.** Acrescente os ovos para ficar um creme. **4.** Adicione o fubá mimoso. **5.** Somente depois acrescente a farinha de trigo e o fermento pó químico. Não sove a massa, pois é um biscoito. **6.** Adicione a semente de erva-doce. **7.** Divida a massa em porções de 40 g cada. **8.** Em uma forma untada, coloque as broinhas. **9.** Pincele a superfície das broinhas com os ovos batidos. **10.** Preaqueça o forno a 160° C. **11.** Asse as broinhas por cerca de 25 min em calor seco, ou até que estejam douradas e completamente cozidas.

cinnamon rolls

rendimento da massa: 15 unidades
porcionamento: 1 massa
modelagem: fatiado
temperatura do forno: 160° C
tempo de forneamento: 12 min
calor: seco

massa	quantidade
farinha de trigo	500 g
açúcar refinado	50 g
ovos	100 g (cerca de 2 ovos grandes)
fermento biológico seco	10 g
leite	150 g
sal refinado	8 g
manteiga	50 g

recheio	
manteiga amolecida	100 g
açúcar refinado	50 g
canela em pó	25 g

finalização	
açúcar impalpável	300 g
limão	1 unidade

modo de preparo

1. Coloque na batedeira, ou na bancada, a farinha e o açúcar. Misture-os. **2.** Coloque os ovos e o fermento e continue a misturar. Em seguida, adicione o leite. **3.** Assim que o fermento estiver completamente incorporado, agregue o sal e a manteiga e comece a sovar. **4.** Sove até atingir o ponto de véu. **5.** Retire a massa e deixe descansar por 10 min. Com o auxílio de um rolo, abra a massa e a deixe descansar por mais 10 min. **6.** Passe a manteiga amolecida na massa, polvilhe o açúcar e a canela. Enrole como um rocambole. Fatie e acondicione em uma assadeira untada. Fermente até dobrar de volume, por cerca de 1h30 e, em seguida, leve ao forno preaquecido a 160° C por 12 min. **7.** Enquanto os *cinnamon rolls* estiverem assando, prepare a finalização. **8.** Coloque o açúcar impalpável em um *bowl* e acrescente o caldo de 1 limão e faça uma massa firme. Faça pequenas bolinhas. **9.** Quando os *cinnamon rolls* saírem do forno, acrescente as bolinhas de açúcar em cima deles. O próprio calor dos *rolls* vai derreter o açúcar.

donuts

rendimento da massa: 17 unidades
porcionamento: 50 g
modelagem: anel
temperatura do óleo para fritar: 160° C
tempo de fritura de cada unidade: 2 min
calor: seco

esponja	quantidade
farinha de trigo	100 g
fermento biológico seco	10 g
água	100 g

modo de preparo

1. Em um *bowl*, coloque a farinha, o fermento e a água. **2.** Mexa bem até obter uma mistura homogênea e deixe fermentar por 30 min em um local quente e protegido.

massa	quantidade
farinha de trigo	400 g
açúcar refinado	75 g
ovo	50 g (cerca de 1 ovo grande)
leite integral	100 g
sal refinado	8 g
manteiga sem sal	50 g
essência de baunilha	5 g

modo de preparo

1. Após 30 min, a esponja já está pronta para ser usada. **2.** Coloque na mesa ou na batedeira a farinha, o açúcar e o ovo. **3.** Acrescente a esponja na mistura acima. **4.** Adicione o leite, o sal, a manteiga e a essência de baunilha. **5.** Sove a massa até atingir o ponto de véu. Em seguida, descanse-a por 10 min. **6.** Abra a massa com o auxílio de um rolo e deixe com uma espessura de 2 cm. **7.** Corte com aro de 10 cm de diâmetro. **8.** Coloque numa assadeira untada e deixe fermentar até dobrar de volume. **9.** Frite por imersão. **10.** Espere esfriar e aplique a cobertura ou o recheio.

cobertura – glacê	quantidade
açúcar impalpável	30 g
água	20 g
corante líquido rosa	2 g

modo de preparo

1. Misture os ingredientes até o açúcar ficar líquido. **2.** Com o donuts frio, banhe-o no açúcar líquido e espere secar para formar a glaçagem.

recheio e/ou cobertura – ganache	quantidade
chocolate ao leite	200 g
creme de leite	100 g

finalização	
chocolate granulado preto	50 g
chocolate granulado colorido	50 g

modo de preparo

1. Derreta o chocolate no micro-ondas em intervalos de 30 s para não queimá-lo e, na sequência, acrescente o creme de leite; misture bem até ficar homogêneo. **2.** Aplique a ganache como recheio e/ou cobertura nos donuts frios e finalize com o chocolate granulado da sua preferência.

pão de ameixa com chocolate

rendimento da massa: 10 unidades
porcionamento: 240 g
modelagem: redondo
temperatura do forno: 160° C
tempo de forneamento: 18 min
calor: seco

ingredientes	quantidade
farinha de trigo	1 kg
açúcar refinado	100 g
fermento biológico seco	20 g
ovos	100 g (cerca de 2 ovos grandes)
água	450 g
sal refinado	15 g
manteiga sem sal	100 g
chocolate ao leite picado	300 g
ameixa sem caroço picada	300 g

modo de preparo

1. Na batedeira ou em um *bowl* grande (para fazer à mão), adicione e misture bem a farinha, o açúcar e o fermento. **2.** Adicione os ovos à mistura de secos e comece a sovar a massa em velocidade baixa, ou manualmente, até que os ingredientes estejam bem incorporados. **3.** Adicione a água gradualmente enquanto continua a sovar a massa, que deve ficar macia e homogênea. **4.** Adicione o sal e a manteiga à massa. Continue sovando até que a manteiga esteja totalmente incorporada e a massa atinja o ponto de véu. **5.** Com a massa pronta, adicione o chocolate picado e as ameixas picadas. Misture bem até que estejam distribuídos uniformemente pela massa. **6.** Deixe a massa descansar por 10 min, coberta com filme de PVC. **7.** Porcione a massa em 10 partes, de 240 g cada, e modele cada uma em formato redondo. **8.** Coloque as bolinhas de massa em uma assadeira untada, deixando um espaço entre elas para crescerem. Cubra com filme de PVC e deixe fermentar até dobrar de tamanho. **9.** Preaqueça o forno a 160° C. Asse os pães por aproximadamente 18 min, ou até que estejam dourados. **10.** Retire os pães do forno e deixe-os esfriar sobre uma grade.

pão sovado

rendimento da massa: 3 unidades
porcionamento: 550 g
temperatura do forno: 160° C
tempo de forneamento: 20 min
calor: seco

massa	quantidade
farinha de trigo	1 kg
açúcar refinado	100 g
leite em pó	30 g
gema de ovos	50 g
fermento biológico seco	20 g
água	420 g
sal refinado	20 g
manteiga sem sal	100 g

ingrediente extra	
ovos para pincelar a massa	2 unidades

modo de preparo

1. Na batedeira ou em um *bowl* grande (para fazer à mão), coloque a farinha de trigo, o açúcar e o leite em pó. Misture-os. **2.** Adicione as gemas e o fermento biológico seco. Misture na velocidade 1. **3.** Coloque a água, ainda na mesma velocidade. **4.** Assim que o fermento estiver completamente incorporado, agregue o sal e utilize a velocidade 2 da batedeira. **5.** Adicione a manteiga e continue na velocidade 2. **6.** Bata até atingir o ponto de véu. Retire a massa e deixe descansar por 10 min na bancada. **7.** Abra a massa com o auxílio de um rolo de massa. **8.** Enrole como um rocambole. **9.** Corte em 3 gomos de 5 cm e coloque numa assadeira lisa, untada, um ao lado do outro. **10.** Faça um corte de ponta a ponta na massa. **11.** Deixe fermentar até dobrar de volume. **12.** Preaqueça o forno a 160° C. **13.** Pincele os pães com os ovos batidos e leve-os ao forno. **14.** Asse os pães por 20 min, ou até que estejam dourados. **15.** Retire os pães do forno e deixe esfriar sobre uma grade.

pequeno dicionário do padeiro

abaixar a massa
após o descanso primário da massa (10 min.), o padeiro, com o auxílio das mãos, abaixa a massa, a fim de expelir o dióxido de carbono e equilibrar a temperatura externa com a interna.

abatumado
pão que não se desenvolve no processo de assamento.

alisar a massa
termo usado pelo padeiro quando utiliza o cilindro para desenvolver o glúten e deixar lisa a massa.

calor seco
o termo "calor seco sem gordura" é empregado quando se aplica apenas o ar seco e nenhum líquido é acrescentado.

calor úmido
termo utilizado para designar o método de cocção em que vapor, água e outro líquido estão envolvidos. Para criar um ambiente úmido, coloque uma assadeira na parte inferior do forno. Preaqueça o forno com a assadeira e na hora de colocar os pães no forno borrife água na assadeira quente.

câmara de fermentação
equipamento que auxilia no processo de fermentação.

desmoldante
líquido utilizado para untar as formas nas padarias, substituindo o óleo vegetal.

dourar
termo que designa o processo de caramelização e a reação de Maillard, que resulta na apresentação de uma cor dourada na superfície do pão.

embira
massa retirada do cilindro em forma de fita.

forneamento
o calor é transferido para dentro do alimento através da superfícies quentes e do ar do forno, já a umidade é transferida do alimento para o ar que o circunda e depois é removida do forno.

isca
pedaço da massa fermentada.

lata
o mesmo que assadeira.

levain
fermento, em francês.

método direto
quando a quantidade de açúcar é menor que 15% e a quantidade de gordura é menor que 25% em relação a 100% de farinha de trigo.

método indireto
quando a quantidade de açúcar é maior que 15% ou a quantidade de gordura é maior que 25% em relação a 100% de farinha de trigo. Utilizamos a técnica da esponja, ativando o fermento para depois fazer a massa.

modelagem
dar forma nos pães.

óleo emulsificante
tem a função básica de todo emulsificante: unir a água e as gorduras.

ponto de véu
acerto do ponto da massa, que deve estar elástica e lisa, capaz de ser esticada até formar uma fina membrana translúcida sem rasgar facilmente.

porcionamento
pesar em parte iguais a massa dos pães.

semolina
a sêmola ou semolina é o nome dado ao resultado da moagem incompleta do grão do cereal. Possui textura granulada.

slurry
separar um pouco do líquido em temperatura ambiente e fazer a mistura de amido + líquido antes de misturar ao líquido que quer espessar.

sobre o autor

Nascido em Atibaia (SP), Rogério Shimura é um renomado padeiro com mais de 37 anos de dedicação à panificação. Sua paixão pelos pães começou por influência da própria família, que teve algumas padarias, sendo a primeira em Mairiporã (SP), em 1946, e outras na cidade natal do autor, como a Padaria Imperial (1987), Tókio (1989), Prymavera (1994), Nobre Boutique de Pães (1997) e Shimura Pães e Doces (2014).

Reijiro Shimura, tio-avô do autor, na charrete da Panificação Shimura, na cidade de Mairiporã, na década de 1940.

Em busca de inovação, foi à França em 1999, onde aprendeu técnicas de fermentação natural e longa fermentação, que trouxe para o Brasil.

Em 2013, inaugurou a Levain – Escola de Panificação e Confeitaria, localizada atualmente no bairro da Vila Mariana, em São Paulo (SP). Com uma ampla gama de cursos, tanto livres quanto profissionais, a escola comandada pelo autor já recebeu mais de 13 mil alunos.

Além de empresário, Shimura lecionou panificação em importantes instituições, como Anhembi Morumbi, FMU, São Camilo e Senac-SP. Foi reconhecido internacionalmente como o Melhor Padeiro do Mundo pela UIBC (International Union of Bakers and Confectioners) e como o Melhor Padeiro das Américas pela CIPAN (Confederação Interamericana da Indústria do Pão). Shimura também é apresentador do programa *Do Levain ao Pão*, no canal Sabor & Arte.

A Levain – Escola de Panificação e Confeitaria está localizada na Rua Domingos de Morais, nº 2036 – Vila Mariana, São Paulo (SP). Para mais informações, entre em contato pelo telefone (11) 5083-3289 ou pelo e-mail contato@levainescola.com.br.

**agradecimento aos parceiros
que ajudaram neste livro:**

PRÁTICA
TECHNICOOK • TECHNIPAN